Emilia Sommerland

Herausforderungen junger Eltern

Unterstützungsmöglichkeiten für die Familie beim ersten Kind

Bibliografische Information der Deutschen Nationalbibliothek:

Die Deutsche Nationalbibliothek verzeichnet diese Publikation in der Deutschen Nationalbibliografie; detaillierte bibliografische Daten sind im Internet über http://dnb.d-nb.de abrufbar.

Impressum:

Copyright © ScienceFactory 2018

Ein Imprint der Open Publishing GmbH, München

Druck und Bindung: Books on Demand GmbH, Norderstedt, Germany

Covergestaltung: Open Publishing GmbH

Inhaltsverzeichnis

Abbildungsverzeichnis

1 Einleitung

Kaum ein Ereignis verändert die Lebenssituation so grundlegend und nachhaltig wie die Geburt des ersten Kindes" (Fthenakis et al. 2002, S. 355).

Kürzlich wurde in einem Online-Artikel der Zeitschrift *Stern* eine stark tabuisierte Thematik aufgegriffen, nämlich die Tatsache, dass zahlreiche Frauen in ihrer Rolle als Mutter unglücklich sind und diese als nicht erfüllend betrachten (vgl. Lemel 2015, o.S.). Der Umstand, dass es heute Frauen gibt, die ihr Kind oder ihre Kinder zwar lieben, aber das *Muttersein* bereuen und somit dem gesellschaftlichen Ideal einer Mutter widerstreben, ist eindrucksvoll anhand der israelischen Studie „Regretting Motherhood: A Sociopolitical Analysis", die von der Soziologin Orna Donath von 2008 bis 2011 durchgeführt wurde, signifikant verdeutlicht worden. In diesem Rahmen wurden 23 Mütter verschiedener Altersgruppen und von unterschiedlicher Herkunft danach befragt, ob sich diese nach wie vor für ein Kind entscheiden würden, wenn sie die Zeit zurückdrehen könnten, woraufhin alle Beteiligten verneint haben (vgl. Donath 2015, S. 343-367). Und obwohl diese Studie aufgrund der geringen Anzahl von Befragten auf den ersten Blick nicht repräsentativ genug erscheint, hat sie weltweit, insbesondere in Deutschland, großes Aufsehen erregt. Denn mit dem Bekanntwerden dieser Studie ist die Anzahl derjenigen Frauen angestiegen, die ähnlich empfinden und sich negative Gefühle gegenüber der Mutterrolle eingestehen. Mit dieser Problematik wagte sich Donath an ein Thema heran, welches öffentlich kaum ausgesprochen wird. Denn das gesellschaftlich eingetrichterte Bild der Mutter, welches tradiert, dass die Frau in der Rolle als Mutter ausschließlich pure Freude empfinden muss, bleibt bis heute - obwohl sich vieles verändert hat - persistent bestehen (vgl. Mundlos 2016, S. 10ff.). Es ist sozusagen „ein gesellschaftlicher Konsens, dass Mutterschaft automatisch ein Glücksbringer für Frauen ist - für alle Frauen. Schließlich, so die Argumentation, ist es doch schon evolutionstechnisch gesehen die Rolle der Frau, Nachwuchs großzuziehen, es ist ihre ureigenste Aufgabe, geradezu ihr Lebenszweck. Dass sie in dieser Rolle Erfüllung findet, wird als gegeben angenommen" (Mundlos 2016, S. 12).

Dieser Aspekt berücksichtigt allerdings nur unzureichend, dass die Geburt eines Kindes tiefgreifende Lebensumstellungen bewirkt und vorwiegend für Frauen einen biografischen Wendepunkt kennzeichnet, da diese, abgesehen von den biologischen Veränderungsprozessen in der Schwangerschaft und nach der Ankunft des Kindes, unter anderem ihr berufliches Engagement zugunsten ihrer Mutterrolle ganz oder beschränkt aufgeben müssen und dadurch fast schon gesellschaftlich isoliert werden (vgl. Beck-Gernsheim 2006, S. 139f.). Erschwert wird dieser Umstand zusätzlich dadurch, dass damit nicht nur berufliche Kontakte zu den Arbeitskolleginnen und -kollegen abbrechen, sondern dass die Frauen auch ihre Möglichkeiten der Selbstverwirklichung, ihre Autonomie und die Unabhängigkeit vom Partner verlieren (vgl. Hantel-Quitmann 2013, S. 77f.). Denn während die Rolle der Frau in früheren Zeiten fast ausschließlich auf die Bereiche Hausfrau und Mutter beschränkt waren, stehen heute individuelle Kriterien und die Karriereorientierung im Fokus: „Frauen können heute einen ganz individuellen Lebensweg einschlagen - bis hin zu der Frage, ob sie überhaupt Kinder bekommen wollen. Darüber hinaus können sie, anders als noch vor 40 oder 50 Jahren, entscheiden, welchen Beruf sie ergreifen wollen, oder ob sie allein oder mit einem Mann oder einer Frau zusammenleben wollen, ob sie heiraten oder sich scheiden lassen möchten und, wenn sie sich für Kinder entscheiden, wann und wie viele sie bekommen wollen" (Mundlos 2016, S.52). Auch durch die oben erwähnte Untersuchung von Donath konnte hervorgehoben werden, dass das Vereinbarkeitsdilemma von Familie und Beruf einen maßgeblichen Einfluss auf das Reueempfinden der befragten Mütter hatte.

War die Elternschaft in früheren Zeiten eine unhinterfragte Lebensgestaltung und Kinder ein fester Bestandteil in der Biografie von Frauen und Männern, so hat sich diese Auffassung in den letzten Jahren stark verändert (vgl. Henry-Huthmacher 2008, S. 3). Um zu klären, inwieweit sich Wandlungsprozesse in diesem Bereich vollzogen haben, ist es zunächst relevant, sich der Bedeutung dieses Begriffes zu widmen. Nach Schneider (2002, S. 10) bezeichnet die Elternschaft einen sozialen Status, welcher mit bestimmten Rechten und Pflichten einhergeht. Da die Eltern-Kind-Beziehung nicht aufzukündigen oder revidierbar ist, beanspruchen diese Rechte und Pflichten lebenslange Gültigkeit.

Während vor der Entwicklung hormoneller Kontrazeptiva ein Kind häufig zufällig gezeugt wurde, gilt die Entscheidung für ein gemeinsames Kind in der heutigen Zeit als ein „familienplanerischer Akt" (Marx 2011, S. 47). In diesem Zuge entscheiden und planen die Eltern nunmehr bewusst, ob und wann sie Kinder bekommen wollen (vgl. ebd.). Die Beweggründe und Motive für den Aufschub der Elternschaft beziehungsweise für den Verzicht auf Kinder sind vielfältig und facettenreich.

Ein wesentlicher Aspekt liegt beispielsweise darin, dass Elternschaft in den letzten Jahrzehnten deutlich „voraussetzungsreicher und anspruchsvoller" (Schneider/Matthias-Bleck 2002, S. 7) geworden ist und mit Aktivitäten in anderen Lebensbereichen, vorwiegend mit beruflichen Tätigkeiten und der Freizeitgestaltung in Konkurrenz tritt. In dieser Situation sehen sich viele junge Erwachsene gezwungen, entweder ganz auf Kinder zu verzichten oder sich nur auf ein oder zwei Kinder zu beschränken (vgl. ebd.). „Elternschaft und die Zahl der Kinder ist nicht mehr >>Schicksal<<, sondern ebenfalls zunehmend das Ergebnis von Entscheidungsprozessen auf der Grundlage von >>Kosten-Nutzen<<-Überlegungen. Paare denken darüber nach, was Kinder >>kosten<< und welche Einschränkungen mit der Elternschaft verbunden sind. Das gilt auch für den Zeitpunkt einer möglichen Elternschaft. Kinder sind geplant, Mutterschaft und Vaterschaft sind nicht selbstverständlich, sondern werden in Diskussionen entschieden und festgelegt" (Burkart 1992, S. 23). In diesem Zuge ist auch noch einmal anzuführen, dass die neuen Voraussetzungen der Frauen zu einer Neubewertung hinsichtlich der Übernahme der Elternschaft geführt haben. Das Postulat der Frauen, Familie und berufliches Engagement verwirklichen zu wollen, bedeutet für diese allerdings gleichwohl, sich alternativ entscheiden zu müssen. Dieser Umstand ist vor allem in der Persistenz rigider gesellschaftlicher Rahmenbedingungen und der Einstellungen der jeweiligen Partner zu begründen. Diese begünstigen und unterstützen eine reservierte Haltung zu Kindern beziehungsweise eine reduzierte Kinderzahl im Familiensystem (vgl. Simm 1991, S. 337).

Elternschaft ist aber nicht nur aufgrund wachsender Schwierigkeiten bezüglich der Vereinbarkeit von Beruf und Familie zu einer optionalen Entscheidung geworden. Weitere Begründungen liegen in den gestiegenen Anforderungen an die Eltern in ihrer Rolle als Erzieher und an die zunehmende Bedeutung des Kindeswohls. Waren Kinder in früheren Zeiten vordergründig dafür vorgesehen, ihren Anteil zum Überleben der Familie beizutragen, ist in der heutigen Zeit ihr emotionaler Wert stark angestiegen (vgl. Olbrich/Brüderl 1995, S. 411). Dabei bildet die Sicherung des kindlichen Wohlbefindens und die Gewährleistung des Kindeswohls die oberste Priorität der Eltern ab (vgl. Henry-Huthmacher 2008, S. 3ff.). Diese zunehmenden Ansprüche und Erwartungen an die Elternrolle werden auch als „verantwortete Elternschaft" (ebd., S. 5) bezeichnet, deren Leitbild beinhaltet, „Kinder nur dann in die Welt zu setzen, wenn man sich „gut" um sie kümmern und ihnen eine ausreichende Grundlage bieten kann" (ebd., S. 5f.). Zusätzlich sind in dieser Norm spezifische Erwartungen verankert, die sich auf das *richtige Verhalten* der Eltern gegenüber ihren Kindern beziehen. Dementsprechend wird vorausgesetzt, dass das Kind nach Möglichkeit nur durch die Eltern betreut und nicht fremdbeaufsichtigt wird, dass sich das Kind charakterlich gut entwickelt, dass es gesund ernährt wird, dass es schulisch mithalten kann, dass es auf die Realität im Leben vorbereitet wird, dass die Eltern darauf achten, dass das Kind keinen Kontakt zu anderen Kindern pflegt, die einen schlechten Einfluss ausüben sowie dass die Talente des Kindes gefördert werden (vgl. Henry-Huthmacher 2014, S. 23). Durch die aufgezeigten Aspekte wird der Komplex der Elternschaft also zunehmend zu einer gesamtgesellschaftlichen Aufgabe, die immer schwieriger zu bewältigen und zu bewerkstelligen ist (vgl. ebd., S. 17).

Zusätzlich ist anzumerken, dass sich auch die Bedeutung von Partnerschaft im Laufe der Zeit verändert hat. Im Allgemeinverständnis wird unter einer Paarbeziehung eine exklusive dyadische Beziehung zwischen zwei Personen - zumeist unterschiedlichen oder aber auch gleichen Geschlechts - verstanden (vgl. Huinink 1995, S. 119), die sich vorwiegend durch Attribute wie Liebe, sexuelle Intimität sowie Vertrauen auszeichnet (vgl. Huinink/Konietzka 2007, S. 30f.). War das Zusammenleben als Paar in früheren Zeiten praktisch nur im Rahmen einer Ehe denkbar, die aber in der Regel nicht aus Liebe, sondern aus ökonomischen Zwecken geschlossen wurde, so wird heute der Aspekt der Romantik stark betont. In diesem Zuge werden hohe Ansprüche und Erwartungen an die eigene Partnerschaft gestellt (vgl. Jungbauer 2009, S. 69ff.). Diesbezüglich gewinnt also auch die Frage zunehmend an Relevanz, inwieweit sich der bestehende Lebensalltag eines Paares verändert, sobald Kinder hinzutreten beziehungsweise welche Konsequenzen sich aus der Elternschaft für das gesamte Familiensystem ergeben können (vgl. Burkart 2008, S. 257).

Die vorliegende Arbeit wirft somit einen Blick auf den Übergang vom kinderlosen Paar zur Elternschaft und fokussiert in diesem Zusammenhang die Herausforderungen und mögliche Bewältigungsstrategien für die Familie beim ersten Kind. Dabei ist vornehmlich von besonderem Interesse, ob und inwieweit sich die neuen Aufgaben und Anforderungen, die mit der Erstelternschaft verbunden sind, auf die Paarbeziehungsebene der Eltern auswirken, beziehungsweise welche Veränderungen überhaupt hinsichtlich der elterlichen Partnerschaft mit der Ankunft des ersten Kindes verbunden sind.

Generell ist festzuhalten, dass die Geburt des ersten Kindes als ein ambivalentes Lebensereignis anzusehen ist. Auf der einen Seite werden mit Kindern zahlreiche positive Aspekte assoziiert und die Gründung einer Familie gilt trotz gesellschaftlicher Veränderungsprozesse als ein Aspekt individueller Lebensgestaltung, der nach wie vor hoch bewertet wird (vgl. Simm 1991, S. 333). Andererseits erfolgen mit der Ankunft des Kindes sehr oft ernüchternde Gefühle, wie das einleitende

Zitat bereits postuliert. „So sehr sich die Eltern auch über den Nachwuchs freuen, so sehr sie den Kontakt mit dem Kind genießen und sich täglich an seinen Fortschritten erfreuen, machen sie doch auch die Erfahrung, dass die Geburt des ersten Kindes und die Gründung einer Familie mit tiefgreifenden, häufig unerwarteten und nicht selten auch unerwünschten Veränderungen verbunden sind" (Fthenakis et al. 2002, S. 61). Infolge der Elternschaft sind neue Tätigkeiten zu erlernen und mit bereits bestehenden Aufgaben im Alltag zu verknüpfen. Zudem haben die Mütter mit biologischen Veränderungsprozessen zu rechnen, die sich über einen längeren Zeitraum hinweg erstrecken können. Mit diesen vielfältigen sozialen und biologischen Veränderungen gehen auch psychologische einher, die insgesamt gesehen über ein belastendes Potential verfügen können (vgl. Reichle 1994, S. 60). Ein weiterer zentraler Bereich, der einem signifikantem Wandel unterliegt, ist die Partnerschaft der Eltern. Dies wiegt umso schwerer, da kaum ein Paar zu Beginn damit rechnet, dass die Geburt des gemeinsamen Kindes negative Auswirkungen auf die Zweierbeziehung der Eltern haben könnte. Aber auch die Partnerschaft bleibt von den erheblichen Veränderungen, die mit dem Übergang zur Elternschaft verbunden sind, nicht verschont (vgl. Fthenakis et al. 2002, S. 65).

Zunächst beschäftigt sich die Arbeit mit dem Übergang zur Elternschaft. Dieses Kapitel umfasst insgesamt drei Unterkapitel. Der erste Unterpunkt beschreibt gesellschaftliche Veränderungsprozesse und den durchschnittlich-normativen Verlauf des Übergangs zur Elternschaft. Anschließend werden die zentralen Veränderungen aufgeführt, die mit dem ersten Kind verbunden sind. Das letzte Subkapitel umfasst das theoretische Verarbeitungsmodell von der Entwicklungspsychologin Gloger-Tippelt. Das darauffolgende Kapitel stellt den Schwerpunkt dieser Arbeit dar und besteht insgesamt aus zwei Unterkapiteln. Im ersten Subkapitel werden explizit die zentralen Veränderungen in der Partnerschaft durch die Familienerweiterung dargestellt. Im Hinblick darauf werden die wichtigsten Bereiche fokussiert, nämlich die geschlechtsspezifische Rollen- und Aufgabenverteilung, Veränderungen in der Freizeitgestaltung und der sozialen Kontakte, Veränderungen hinsichtlich der Paarinteraktion, welche sowohl die sexuelle Beziehung als auch die partnerschaftliche Zugewandtheit und Kommunikation umfasst sowie die Abnahme der Partnerschaftszufriedenheit. Darauffolgend werden schließlich die transaktionalen Prozesse im Familiensystem beschrieben. In diesem Kontext wird erläutert, inwieweit das Paarklima das Elternverhalten als Erzieher und das Kindeswohl beziehungsweise die Entwicklung des Kindes beeinflusst. Aber auch die umgekehrte Kausalrichtung wird explizit erläutert. Im weiteren Verlauf werden im vierten Kapitel, welches durch drei Unterpunkte gebildet wird, verschiedene Bewältigungsstrategien für das Paar und für die Familie beschrieben. Zunächst werden dabei die Schutz- und Risikofaktoren für die Bewältigung des familiären Übergangs aufgezeigt. Der zweite Unterpunkt behandelt dann die Mechanismen, die das Paar selbst anwenden kann, um auch nach der Geburt des ersten Kindes eine hohe Partnerschaftszufriedenheit aufzuweisen. Demgegenüber werden im dritten Subkapitel professionelle Unterstützungsmöglichkeiten für die Familie vorgestellt. In diesem Zuge werden insbesondere die vielfältigen Angebote der Elternbildungslandschaft und die mediative Konfliktbearbeitung fokussiert. Im Anschluss daran werden noch einmal die wichtigsten Aspekte dieser Arbeit prägnant in einem Schlussteil zusammengefasst.

An dieser Stelle ist noch anzuführen, dass die vorliegende Arbeit, die vielfältigen Schwierigkeiten und Bewältigungsstrategien beim Übergang von der Partnerschaft zur Elternschaft ausschließlich nur auf gemischtgeschlechtliche Paare und leibliche Eltern bezieht. Zwar ist davon auszugehen, dass auch Pflege- und Adoptiveltern sowie gleichgeschlechtliche Paare von erheblichen Veränderungen erfasst werden, sobald sich der dyadische Rahmen erweitert, allerdings ist diese Thematik als ein separater Bereich zu erachten, der in dieser Arbeit nicht bearbeitet wird.

2 Der Übergang zur Elternschaft

Wenn das erste Kind eines Paares das Licht der Welt erblickt, so ist dieser Prozess gleichzeitig als die „Geburt der Eltern" (Schülein 1990, S. 7) und als Eintritt in eine „Familienkarriere" (Papastefanou/Hofer 2002, S. 170) zu betrachten. Die Ankunft des Kindes kennzeichnet also den Übergang in eine neue Lebensphase, nämlich den Übergang vom kinderlosen Paar zur Familie, also von einem dyadischen Miteinander zu einem triadischen Zusammenleben (vgl. Jellouschek-Otto/Jellouschek 2005, S. 5).

Familiäre Übergänge werden nach der Psychologin Gloger-Tippelt als „zeitlich gedrängte, z.T. als krisenhaft erlebte, quantitative und qualitative Veränderungsprozesse charakterisiert" (Gloger-Tippelt 1985, S. 54), die mit veränderten Entwicklungsaufgaben und sozialen Rollen verbunden sind (vgl. Gloger-Tippelt 2005, S. 57f.). In diesem Zusammenhang wird der Übergang zur Elternschaft als biografischer „Angelpunkt" (vgl. Gloger-Tippelt ebd., S. 57) betrachtet, da dieser mit Anforderungen und Veränderungen verbunden ist, die sich weitreichend und tiefgreifend auf die jeweilige Lebenssituation der Betroffenen auswirken. Strukturierende Markierungspunkte werden beispielsweise durch Schwangerschaftstests, Vorsorgeuntersuchungen, Geburtsanzeigen oder auch religiöse Rituale wie die Taufe abgebildet (vgl. Gloger-Tippelt 2007, S. 513).

Die Erstelternschaft ist als relevanter Lebensabschnitt eine viel beachtete Thematik in der Forschungslandschaft, insbesondere durch die Disziplinen der Entwicklungspsychologie, der Soziologie, der Medizin sowie der Bevölkerungswissenschaften (vgl. Bleich 1999, S. 167).

In historischen Arbeiten wird der Prozess der Familienwerdung unter dem Krisenparadigma geführt, worin die Veränderungen und Anforderungen im Zuge der Familiengründung als grundsätzlich krisenhaft angesehen wurden. In der Forschung besteht aber mittlerweile Einigkeit darüber, von diesem Krisenbegriff abzuweichen und die Erstelternschaft als ein Übergangsgeschehen einzuordnen (vgl. El-Giamal 1999, S. 6ff.).

Die Familiengründung wird hierbei als Entwicklungsaufgabe verstanden, die sowohl die damit einhergehenden Belastungsmomente, als auch zahlreiche Gratifikationen umfasst. Erwähnenswert ist hierbei, dass krisenhafte Lebensereignisse nicht zwangsläufig eine negative Funktion aufweisen müssen, sondern dass diese durchaus auch förderlich sein können (vgl. Petzold 2007, S. 5). Inwieweit der Übergang zur Elternschaft als Belastung angesehen wird oder nicht, hängt von mehreren Faktoren ab, die im weiteren Verlauf dieser Arbeit ausführlich diskutiert werden.

Über die zeitliche Erstreckung des Übergangs zur Elternschaft existiert kein allgemeingültiger Konsens. Aus biologischer und sozialer Perspektive wird als Beginn der Elternschaft in den meisten Fällen das Eintreten der Schwangerschaft angesehen (vgl. Papastefanou/Hofer, S. 170). Biologisch gesehen ist durch das Geburtsereignis die Trennung zwischen Mutter und Kind zwar vollzogen, jedoch stellt das Elternwerden auf der psychologischen Ebene einen komplexen Prozess dar, der sich über einen längeren Zeitraum erstreckt (Gloger-Tippelt 1988, S. 16). Diesbezüglich werden aus der Sicht von anderen Autoren bereits Ereignisse vor der Schwangerschaft wie die Planung des Kindes (Gauda 1990, S. 40) beziehungsweise „Vorüberlegungen bezüglich einer möglichen Schwangerschaft, Erfahrungen mit Abtreibungen, Fehlgeburten oder Sterilität sowie die gedankliche Auseinandersetzung mit dem geplanten Kind" (Papastefanou/Hofer, S. 170) als Beginn dieses bedeutsamen Lebensabschnittes angesehen. Auch von Klitzing (1994, S. 49) stellt fest, dass die Elternschaft psychologisch gesehen nicht erst ab dem Akt der Geburt beginnt, sondern sich bereits durch bewusste und unbewusste Phantasien des ungeborenen Kindes in der Schwangerschaft manifestiert. Somit stellt diese bereits eine äußerst wichtige psychologische Vorbereitungszeit auf die Elternschaft dar.

Das Ende dieses Übergangs ist aber nicht mit der Geburt des Kindes vollzogen (vgl. Gauda 1989, S. 350). Aus biologischer Sicht gilt die körperliche Erholung der Frau als Abschluss dieses Übergangs. Aus der sozialen Perspektive gilt die Phase der Familiengründung dann als beendet, wenn die Mutter und der Säugling erfolgreich im Familiensystem und im sozialen Umfeld integriert sind. Entwicklungspsychologische Kriterien beziehen sich vornehmlich auf die Anpassung an die neue Situation und das Erwerben hilfreicher Kompetenzen im Umgang mit dem Kind (vgl. Papastefanou/Hofer, S. 170). Wird beispielsweise als Prädiktor die Rückkehr der Partnerschaftsqualität auf das Niveau vor der Schwangerschaft verwendet, so kann dies laut zahlreicher Studien teilweise erst Jahre später realisiert werden (vgl. Gloger-Tippelt 2005, S.60). Während Gauda (1989, S. 350) den Übergang zur Elternschaft mit den ersten drei bis sechs Lebensmonaten des Kindes als abgeschlossen betrachtet, konnte die Untersuchung von Jurgan, Gloger-Tippelt & Ruge (1999, S. 47) darauf hinweisen, dass die Veränderungen in Folge der Erstelternschaft auch noch bis zu fünf Jahre später bestehen.

2.1 Der normative Verlauf des Übergangs zur Elternschaft

Wie zu Beginn dieser Arbeit bereits konstatiert wurde, ist die heutige Gesellschaft von zahlreichen fundamentalen Entwicklungen und Veränderungen geprägt, die sich auf verschiedene Ebenen familiärer Strukturen manifestiert haben (vgl. Huinink/Konietzka 2007, S. 75) und im Folgenden nun beschrieben werden.

In diesem Zusammenhang ist insbesondere die Begrifflichkeit des Individualismus anzuführen, welcher ein zentrales Merkmal der gegenwärtigen Gesellschaft darstellt und mitunter als universelle Erklärung für diese Wandlungen betrachtet werden kann (vgl. Burkart 2008, S. 237). Der Trend zur Individualisierung, welcher bedeutet, dass die Lebensbiografie von Menschen zunehmend mit subjektiven Entscheidungsmustern zusammenhängt, schlägt sich vordergründig auf familiäre Bereiche nieder. Doch wie ist die Begrifflichkeit Familie eigentlich genauer zu definieren? Im traditionellen Verständnis setzt sich die Familie aus einem Ehepaar und ihren biologischen Kindern zusammen, die gemeinsam in einem Haushalt leben. Diese Auffassung ist zwar weitverbreitet, spiegelt aber nicht das tatsächliche Bild der Gegenwartsgesellschaft wieder, da sich neben der klassischen Familie auch zahlreiche neue Lebensformen etabliert und eingeordnet haben. Dazu zählen beispielsweise Alleinerziehende, Paare ohne Kinder, gleichgeschlechtliche Paare, die mit den Kindern der Partnerin beziehungsweise des Partners zusammenleben sowie nichteheliche Lebensgemeinschaften mit Kindern (vgl. Seiffge-Krenke/Schneider 2012, S. 15ff.). Die Frage, was Familie denn nun eigentlich ist, ist daher nicht leicht zu beantworten. Allgemein betrachtet kann Familie aber am ehesten als ein Ort verstanden werden, an dem die drei Aspekte Unterstützung, Rückhalt und Sicherheit grundlegende Wertorientierungen bieten und von den Menschen erwartet werden, die einem verbunden und zugehörig sind (vgl. Marx 2011, S. 20).

Hinsichtlich der Konsequenzen, die sich aus den Individualisierungsprozessen ergeben, ist anzuführen, dass die Heiratsneigung gesunken und demgegenüber das Scheidungsverhalten einen enormen Anstieg zu verzeichnen hat. Die Ehe, die in früheren Zeiten als Institution der Familiengründung und Kindererziehung einen besonderen Stellenwert erlangte, hat gegenwärtig signifikant an Attraktivität verloren (vgl. Huinink/Konietzka 2007, S. 75f). Insgesamt gesehen ist die Eheschließung durch einen Bedeutungsrückgang gekennzeichnet, der vorzugsweise damit begründet werden kann, dass sich Frauen heutzutage verstärkt am Erwerbsleben beteiligen, somit ihre ökonomische Abhängigkeit vom Partner überwinden und dadurch zusätzlich an Macht gewinnen (vgl. Lück 2009, S. 10). Aus diesem Grund ist die Heirat als ‚Versorgerinstitution' mit der höheren Bildungs- und Erwerbsbeteiligung der Frauen, hinfällig geworden. Aber nicht nur die Lebensformen und die Ehe hat sich verändert, sondern auch das Geburtenverhalten unterliegt gravierenden Wandlungen (vgl. Huinink/Konietzka 2007, S. 82). Die Geburtenrate in Deutschland war über Jahrzehnte hinweg erschreckend konstant niedrig. Im Jahre 2015 wurden dann allerdings rund 738000 Lebendgeborene erfasst, der den bis dahin höchsten Wert seit der Jahrhundertwende darstellte. Im Jahr 2016 ist sogar ein weiterer Anstieg der Geburtenrate von ca. 7,4 Prozent zu verzeichnen. Dennoch liegt die Geburtenziffer momentan bei 1,50 Kindern je Frau und somit unter dem EU-Durchschnitt von 1,58 (Statistisches Bundesamt 2015, o. S.). Hinzuzufügen ist, dass immer mehr Frauen in Deutschland erst relativ spät - durchschnittlich mit 29 Jahren - eine Familie gründen und sich somit der Beginn der Mutterschaft mehrere Jahre nach hinten verschoben hat (vgl. Peuckert 2012, S. 165). Insbesondere Frauen mit einer hohen Bildungsqualifikation werden zunehmend - wenn überhaupt - später Mütter. Zudem wird die Kinderlosenquote in Deutschland mit 25 Prozent beziffert, was bedeutet, dass rund jede vierte Frau in Deutschland kinderlos ist.

Diese Entwicklungen haben zunehmend also auch die Frauen erfasst. Peuckert (2012, S. 406) bezeichnet diesen Umstand als *„Individualisierung der weiblichen Biographie"*. In einem engen Zusammenhang mit Individualisierungsprozessen steht auch die veränderte Stellung der Frauen in der Gesellschaft, die als eine der bedeutsamsten Wandlungen der letzten Jahre in Deutschland erachtet werden kann (vgl. Schneewind 2010, S. 72f.). Das im Bürgertum im 18. Jahrhundert entstandene und im 19. Jahrhundert tradierte Frauenleitbild bezog sich vor allem darauf, dass das Leben der Frau auf ein Ziel hin ausgerichtet war, nämlich Ehefrau und Mutter zu werden. Die Ehe war von vornherein auf eine bestimmte Arbeitsteilung ausgelegt, der Mann sollte als Ernährer fungieren und die Frau war zuständig für Heim und Familie (vgl. Beck-Gernsheim 1989, S. 15ff.). Der gegenwärtige Wandel der Frau bezieht sich - wie bereits erwähnt - insbesondere auf zwei wesentliche Aspekte, nämlich auf die Integration in die Erwerbstätigkeits- und Bildungslandschaft (vgl. Schneewind 2010, S. 72), deren Voraussetzungen durch die Bildungsexpansion in den 1960er und 1970er Jahren geschaffen wurden. „Mit mehr Bildung sind immer auch *Bewusstwerdungsprozesse* verbunden. Frauen entwickeln neue Denkformen, die auf Selbstständigkeit und eigene berufliche Leistung ausgerichtet sind" (Peuckert 2012, S. 407).

Frauen sind in der heutigen Zeit also sehr viel besser in der Lage, unabhängig und finanziell abgesichert zu sein. Historisch betrachtet war diese Auffassung von der Frau allerdings keineswegs als Selbstverständlichkeit aufzufassen. Diesbezüglich ist beispielsweise zu konstatieren, dass erstmals im Jahre 1977 ein Gesetz erlassen wurde, welches die Frauen dazu befähigte, sich auch ohne die Erlaubnis ihres Ehemannes beruflich zu engagieren (vgl. Mundlos 2016, S. 52). Nichtdestotrotz kann von einer Gleichberechtigung zwischen Frau und Mann auch heutzutage keineswegs die Rede sein. Insbesondere im beruflichen Sektor sind Frauen mit nur 29 % in Führungspositionen noch deutlich unterrepräsentiert und verdienen bei gleicher Leistung weniger als die Männer (vgl. Statistisches Bundesamt 2014, o. S.).

Ungeachtet dessen, dass in den letzten Jahrzehnten diese gesellschaftlichen ‚Zerfalls- und Veränderungsprozesse‘ im familialen Bereich stattgefunden haben und damit einhergehend auch eine zunehmende Pluralisierung der Lebensformen zu verzeichnen ist, bleibt Elternschaft ein Aspekt individueller Lebensgestaltung, der hoch bewertet wird und einen wichtigen Stellenwert bezüglich der Lebensplanung von Frauen und Männern darstellt (vgl. Simm 1991, S. 333). Somit wird die Elternschaft als ein notwendiger Prädiktor für das eigene Lebensglück von knapp 75 Prozent der Frauen und 50 Prozent der Männer betrachtet. Insgesamt gesehen gehören der Komplex der Elternschaft und der Lebensbereich der Partnerschaft zu den relevanten Themen des Erwachsenenalters, die einen maßgeblichen Einfluss auf die soziale und individuelle Entwicklung in diesem Alter abbilden (Watzlawik/Stänner/Mühlhausen 2007, S. 37).

In diesem Zusammenhang ist ebenfalls zu postulieren, dass der Übergang in den Familienzyklus kein punktuelles Ereignis ist, sondern aus einer Kette zusammenhängender Ereignissequenzen besteht. „Diese beginnt bei der Umsetzung eines Kinderwunsches, spätestens mit der Feststellung der Schwangerschaft und geht bis zur Anpassung und Integration des neuen Kindes in ein Paarsystem" (Gloger-Tippelt 2007, S. 514). Dementsprechend hängen also der Kinderwunsch, die Konzeption, die Schwangerschaft, das Geburtsereignis sowie die Elternschaft unmittelbar miteinander zusammen und sind nicht voneinander lösende Vorgänge (Gauda 1990, S.39).

Die Aspekte der Erwünschtheit und Geplantheit des Kindes stellen also im Idealfall die Vorläufer einer „kognitiv-motivationale[n] Antizipation von Kindern" (Gloger-Tippelt 1991, S. 186, Zusatz v. Jennifer Stiebeling) dar, die Gloger-Tippelt gemeinhin als Kinderwunsch bezeichnet, welcher die Vorstellung enthält, „dass sich zwei Partner zu einem bestimmten Zeitpunkt kein, ein oder mehrere (weitere) Kinder wünschen und dass sie es zu einem zukünftigen Zeitpunkt, an dem bestimmte Bedingungen erfüllt sind, realisieren wollen" (Papastefanou/Hofer 1992, S. 113f.). Dies bedeutet, dass Kinder im Leben des Paares oder der einzelnen Frauen und Männer also schon sehr viel früher eine wichtige Rolle einnehmen. Historisch betrachtet ist ein Wandel bezüglich der Qualität des Kinderwunsches zu beobachten. Entgegen den früheren extrinsischen Gründen, aus denen Kinder aus versorgungszentrierten Gründen heraus gewünscht worden sind, überwiegen heutzutage intrinsische beziehungsweise psychologische Motive (vgl. Gloger-Tippelt 2005, S. 59). „Ein Kind stellt für Paare emotionale, partnerschaftliche Werte dar. Es wird eine Erweiterung der Selbsterfahrung, des Lebenssinnes, des Wunsches nach Nähe und Zärtlichkeit gesucht. Kinder erscheinen als sinnstiftender Lebensinhalt in einer Partnerschaft und als gemeinsame Freude beider Partner. Sie erhoffen sich nicht selten durch ein Kind auch eine Stärkung ihrer Paarbeziehung" (Gooßen 2011, S. 11).

Es ist aber darauf hinzuweisen, dass die Entscheidung für ein Kind nicht immer bewusst getroffen und beabsichtigt wird, ein Kinderwunsch also nicht jeder Schwangerschaft automatisch vorausgeht. Trotz der medizinischen Fortschritte und Möglichkeiten sind auch heute noch zahlreiche Schwangerschaften ungeplant und ungewollt. Das bedeutet in der Konsequenz, dass, auch wenn die Vorstellungen von Kindern weitestgehend positiv besetzt sind, es keineswegs als ein normativer Prozess anzusehen ist, dass diese letzten Endes auch realisiert werden. Denn die Umsetzung des Kinderwunsches wird heutzutage mitunter zugunsten konkurrierender Lebenspläne wie beispielsweise Berufs- oder Beziehungserfahrungen aufgeschoben. Dazu herrscht weiterhin die gesellschaftliche Ideologie vor, dass die Prämisse der guten Mutter mit einer außerhäuslichen Berufstätigkeit der Frau unvereinbar ist, was wiederum durch familienunfreundliche Beschäftigungsverhältnisse oder mangelnde Angebote der Kleinkindbetreuung aufrechterhalten und unterstützt wird (vgl. Gloger-Tippelt 1991, S. 189). Auch Wicki (1997, S. 83) stellt fest, dass insbesondere die höhere Erwerbs- und Bildungsbeteiligung der Frauen sowie mangelnde materielle Ressourcen, bezogen auf das Familieneinkommen und die Wohnsituation, der Realisierung des Kinderwunsches entgegenstehen.

Äußerst relevant ist aber, dass die Bedingungen, unter denen Paare den Übergang zur Elternschaft vollziehen, wichtige Weichen für die gesamte Entwicklung des Familiensystems - insbesondere sind hier vorrangig die psychische Gesundheit der Kinder sowie das Wohlbefinden der Eltern zu nennen - stellen (vgl. Gloger-Tippelt 1991, S. 188f). In diesem Zusammenhang hat beispielsweise die subjektive Erwünschtheit des Kindes einen sehr großen Einfluss darauf, ob der Übergang zur Elternschaft eher zu- oder abträglich gestaltet wird.

2.2 Die zentralen Veränderungen in Folge der Erstelternschaft

Schon Cowan & Cowan (1994, S. 46) beschreiben in ihrem Werk, dass die Entscheidung für ein Kind als die „schicksalhafteste und wichtigste Entscheidung" angesehen wird, die ein Paar im Leben treffen kann, was vor allem darin zu begründen ist, dass die Konsequenzen, die sich daraus ergeben, von den Beteiligten im Vorfeld kaum abzusehen sind.

Insbesondere der Übergang zur Erstelternschaft ist als eine der größten Herausforderungen im Erwachsenenalter zu betrachten. Mit dem *Eltern-Sein* wird eine große Verantwortung übernommen, indem ein anderer Mensch, der vollkommen hilfsbedürftig und abhängig ist, versorgt werden muss, und zwar zu jeder Zeit (vgl. Heinrichs/Hahlweg 1999, S. 777). Die Geburt eines Kindes stellt also ein überaus bedeutsames Lebensereignis dar, sodass dieses in der Forschungsliteratur auch häufig mit den Attributen „krisenhaft" (z.B. Faltermaier et al. 2014, S. 171) in Verbindung gebracht wird. Dies verdeutlicht signifikant, dass die Phase der Familienwerdung sowohl über Risiken, als auch über zahlreiche Chancen verfügt. Die zentralen Veränderungen, die mit der Geburt des ersten Kindes in Verbindung gebracht werden, werden in der nachfolgenden Passage explizit zusammengetragen.

Insgesamt betrachtet gehen mit der Geburt des ersten Kindes umfassende Veränderungen und eine tiefgreifende Umstellung der Lebenssituation für die Eltern einher (vgl. Fthenakis et al. 2002, S. 62). Diese erstrecken sich im Wesentlichen auf biologische Veränderungen der Frau sowie auf die soziale Lage, auf die psychischen Befindlichkeiten und auf die partnerschaftliche Ebene der Eltern (vgl. Schneider/Rost 1995, S. 181). Die Veränderungen der Partnerschaft, die den Schwerpunkt dieser Arbeit bilden, stehen allerdings erst im nachfolgenden Kapitel explizit im Mittelpunkt des Interesses. An dieser Stelle sollte beachtet werden, dass die Phase der Familienwerdung vor allem über ein gewisses Belastungspotential (vgl. Reichle 1994, S. 26) verfügt, welches in den nachfolgenden Ausführungen fokussiert wird.

Hinsichtlich biologischer Aspekte sind vor allem die körperlichen Umstellungen der Frauen relevant, die mit der Schwangerschaft und Geburt verbunden sind. Vorwiegend für Erstgebärende stellt der Geburtsakt eine außerordentliche Belastungssituation dar. Nach der Entbindung erfahren viele Frauen neben den Glücksgefühlen, auch postpartale Stimmungskrisen, die beispielsweise schwere Wochenbettdepressionen auslösen können (vgl. Jungbauer 2009, S. 39f.). Auch die unmittelbar nach der Geburt beginnende Stillperiode, die im Idealfall als primäre Nahrungsquelle des Neugeborenen dient, verlangt der Mutter sowohl physisch als auch psychisch einiges ab. Von nun an ist sie stark an die Bedürfnisse des Kindes gebunden (vgl. Bullinger 1986, S. 58).

Mit der Geburt des ersten Kindes erfolgt von einem Tag auf den anderen eine erhebliche Umstellung von der Partnerschaft auf die Elternschaft, also von der Dyade zur Triade. Dies bedeutet vor allem, dass sich bereits erprobte und bewährte Abläufe des Zusammenlebens von nun an erheblich verändern. Aus der strukturellen Perspektive vergrößert sich mit der Familienwerdung das Spektrum der Beziehungen innerhalb der Familie dahingegen, dass neben der Dyade der beiden Ehepartner, zwei neue Dyaden entstehen, nämlich eine zwischen Mutter und Kind sowie eine zwischen Vater und Kind, zusätzlich bildet sich noch die Triade Mutter-Vater-Kind heraus (vgl. Kreppner 2000, S. 177). Diese neuen sozialen Rollen der Mutterrolle, Vaterrolle und Elternrolle müssen nun in das bestehende System integriert werden, was wiederum häufig zu Problemen führt, insbesondere bezogen auf die Paarebene (Marx 2011, S. 48).

Viele Eltern sind auf die ‚24-Stunden-Aufgabe' mit einem Kind nur ungenügend vorbereitet (vgl. Helfferich 2017, S. 39). Denn im Gegensatz zu einer normalen Erwerbstätigkeit ist die Versorgung des Kindes zeitlich unbegrenzt. Vorrangig gilt nun - vor allem für stillende Mütter - die Bedürfnisse des Säuglings unmittelbar zu befriedigen, was in der Konsequenz eine Umstrukturierung des vorher etablierten Tagesablaufs bedeutet und in der Konsequenz zu Niedergeschlagenheit, Erschöpfungszuständen sowie einem erheblichen Schlafmangel führt (vgl. Kalicki/Peitz/Fthenakis/Engfer 1999, S. 129). Darüber hinaus ist anzuführen, dass die persönlichen Bedürfnisse zugunsten des Kindes, welches nun die volle Aufmerksamkeit der Eltern benötigt und stark einfordert, permanent zurückgestellt werden müssen, was als „Verlust belohnender Rollen" (Kalicki/Peitz/Fthenakis/Engfer 1999, S. 129) umschrieben werden kann. „Die persönliche Freiheit von Mutter und Vater für eigene Interessen, die Berufstätigkeit, ist enorm eingeschränkt und es muss jeweils zwischen den Partnern verhandelt werden, wer welche Freiheiten oder Pflichten hat" (Helfferich 2017, S. 39).

Mit dem Hinzukommen eines neuen Familienmitgliedes sind umfängliche neue Aufgaben zu erledigen, deren Erfüllung dadurch erfolgt, dass bisherige Aufgaben neu verteilt werden müssen (Reichle/Werneck, S. 213).

Bedingt dadurch, dass in der Regel ein Elternteil das berufliche Engagement einschränkt und das Haushaltseinkommen dadurch verringert wird, stellen auch finanzielle Konsequenzen eine zentrale Veränderung im Prozess der Familienwerdung dar. Hierbei sollte beachtet werden, dass der Wegfall eines Einkommens zusätzlich dadurch belastet wird, dass durch das Kind Mehrausgaben wie beispielsweise Kleidung und Nahrungsmittel anfallen, aber idealtypisch auch der Umzug in eine familiengerechte Wohnung erforderlich wird (vgl. Fthenakis et al. 2002, S. 63). Dies verdeutlicht, dass sich bestimmte Begebenheiten nicht nur innerhalb des Familiensystems verändern, sondern das sich auch äußere Rahmenbedingungen an die neue Situation anpassen müssen. Im Zuge der Elternschaft ist also auch zunehmend die Frage von hoher Bedeutsamkeit, wo und wie das Kind aufwachsen soll.

Der Übergang zur Elternschaft wirkt sich auch maßgeblich auf die Persönlichkeit der Eltern aus. Die Rolle der Mutter beziehungsweise des Vaters wird in das eigene Selbstkonzept eingeordnet und bewirkt somit Veränderungen hinsichtlich der Gefühle, der Einstellungen und des Verhaltens. Auch die Paarbeziehung wird aus einer elterlichen Perspektive heraus gesehen, da sich die Partner nun nicht mehr ausschließlich als Paar betrachten, sondern sich vorwiegend als ein Team bei der Kindererziehung und beim Gelingen des Familienalltags organisieren (vgl. Jungbauer 2009, S. 36).

Mit diesen neuen Anforderungen müssen persönliche Bedürfnisse zurückgestellt werden, die zuvor mit diesen Aufgaben erfüllt worden sind: „Es wird weniger geschlafen, weniger ausgegangen, Hobbys werden eingeschränkt, sexuelle Kontakte reduziert, die jungen Mütter engagieren sich weniger sozial und politisch, sind finanziell weniger unabhängig, stellen die Erfüllung von Bedürfnissen zurück, die sie zuvor mit ihrer Berufstätigkeit erfüllt haben – etwa das Bedürfnis nach finanzieller Unabhängigkeit vom Partner, nach Anerkennung für berufliche Leistung und Erfolge, nach Kontakt zu Arbeitskolleginnen und -kollegen" (Reichle 1999, S. 14).

In diesem Kontext erwähnt Hantel-Quitmann (2013, S. 77) in seinem Werk, dass viele Eltern insbesondere die ersten Monate der Elternschaft als eine „doppelte Reduktion" erleben. Einerseits erfahren sie eine deutliche Reduzierung auf die kindlichen Bedürfnisse und zum anderen ist eine deutliche Reduzierung bisheriger Aktivitäten auf der Paarebene zu verzeichnen. Hinzukommend wird der Kontakt zu Freunden und Bekannten minimiert, eigene Interessen stehen nun nicht mehr im Vordergrund und müssen zurückgestellt werden und die Frau muss akzeptieren, dass sie ihr berufliches Engagement für eine gewisse Zeit mindestens unterbrechen muss (vgl. Hantel-Quitmann 2013, S. 77f.).

Diese gravierenden Veränderungen der gesamten Lebenssituation, die mit der Familiengründung einhergehen, schlagen sich wiederum auf die psychischen Befindlichkeiten der Eltern nieder, die folgendermaßen zusammengefasst werden können: „Depressive Verstimmungen der Mütter, seltener der Väter, Belastungs- und Krisenerleben, Belastung infolge von Unausgeglichenheit, Unzufriedenheit mit der neuen Aufgabenverteilung, Zweifel an den eigenen Kompetenzen, Entfremdung vom Partner, Verteilungskonflikte zwischen den Partnern, Verschlechterung der partnerschaftlichen Kommunikation, Veränderungen der partnerschaftlichen Machtverteilung [sowie] Veränderungen hinsichtlich der Partnerschaftszufriedenheit" (Reichle 1994, S. 60, Zusatz v. Jennifer Stiebeling).

Insgesamt gesehen sollte an dieser Stelle ausdrücklich betont werden, dass diese Lebensveränderungen aber nicht strikt für jede Partnerschaft Gültigkeit aufweisen. Wie diese Veränderungen letzten Endes erlebt werden, hängt auch maßgeblich mit subjektiven Bewertungsmustern zusammen (vgl. Gauda 1990, S. 38).

Auch wenn sich die vorliegende Arbeit vorwiegend mit den Auswirkungen und Herausforderungen der Familiengründung beschäftigt, sollte an dieser Stelle nicht unerwähnt bleiben, dass Elternschaft nicht nur mit negativen Aspekten zu konnotieren ist, sondern dass diese auch durchaus über positiv zu bewertende Attribute verfügt. In diesem Kontext stellt die Elternschaft typischerweise einen wichtigen Prädiktor für die allgemeine Lebenszufriedenheit dar (Bundesministerium für Familie, Senioren, Frauen und Jugend 2006, S. 111). Zu den Bereicherungen des Paares, die durch die Geburt des Kindes ausgelöst werden, zählen vor allem die Freude und der Austausch von Zärtlichkeiten im Umgang mit dem Kind, die Gewinnung des Elternstatus und die damit verbundene Anerkennung in der Gesellschaft, intensivere Kontakte zur Herkunftsfamilie sowie die Tatsache, dass die Frauen zumindest zu Beginn der Elternschaft mehr Respekt von ihrem Partner erfahren (vgl. Reichle 1999, S. 14). Zudem kann das gemeinsame Erleben von

Schwangerschaft, Geburt und der Entwicklung des Kindes das Paar näher zusammenführen und sich möglicherweise als eine Erfahrung manifestieren, die über einen verbindlichen Charakter verfügt (vgl. Sierwald 1999, S. 371). Insgesamt gesehen sollten also die induzierten Veränderungen durch die Familiengründung auf die Partnerschaft nicht nur negativ betrachtet werden, da Kinder die Gefühle in der Paarbeziehung auch in einem positiven Sinne intensivieren können (vgl. Gloger-Tippelt 1999, S. 360).

2.3 Das Phasenmodell nach Gloger-Tippelt

Die Familienpsychologin Gloger-Tippelt hat im Jahre 1988 auf Grundlage von psychologischen und soziologischen Untersuchungen ein Phasenmodell für den Übergang in das Familiensystem entwickelt, welches den Verlauf des Erlebens und Verarbeitens der Elternschaft und die damit verbundenen idealtypischen Schritte aufzeigt. Dieser Ansatz, der durch nachfolgende Grafik veranschaulicht werden soll, ist durch einen Prozesscharakter gekennzeichnet. Dies verdeutlicht, dass zwar die Geburt des Kindes ein punktuelles Geschehen darstellt, aber dass die gravierenden Lebensveränderungen und die Bewältigung dieser Herausforderungen, die sich aus diesem Ereignis heraus ergeben, von den Betroffenen langfristig verarbeitet werden müssen (vgl. Reichle 1994, S. 24).

1. Zyklus: Schwangerschaft
→ Verunsicherungsphase (bis zur 12. SSW)
→ Anpassungsphase (13. bis 20. SSW)
→ Konkretisierungsphase (21. bis ca. 32 SSW)
→ Antizipations- und Vorbereitungsphase (33. SSW bis zur Geburt)
→ Geburtsereignis
2. Zyklus: Nach der Geburt
→ Phase der Überwältigung und Erschöpfung (zwischen 4 und 8 Wochen)
→ Phase der Herausforderung und Umstellung (Dauer unterschiedlich)
→ Gewöhnungsphase (ab 1. Jahr oder später)

Abbildung 1 Phasenmodell nach Gloger-Tippelt, Quelle: eigene Darstellung

Das oben aufgeführte Verarbeitungsmodell lässt sich insgesamt in zwei große Zyklen unterteilen, von denen ein Zyklus in der Schwangerschaft (1) und ein weiterer nach der Geburt (2) durchlaufen wird. Somit werden insgesamt acht aufeinander aufbauende Phasen unterschieden, nämlich vier Phasen vor der Geburt nach Schwangerschaftswochen, der Geburtsakt sowie drei Schritte nach der Geburt, die sich an den Lebensmonaten und an der Entwicklung des Kindes orientieren. Die Verarbeitung dieses Lebensereignis erfolgt auf einer biologischen, psychischen und sozialen Ebene.

In der Frühschwangerschaft tritt zunächst die Verunsicherungsphase ein, die durch körperliche Veränderungen, durch innere Ambivalenzen, sowie mit einer Umstellung zukünftiger Lebensperspektiven einhergeht. In dieser Zeit ist zu erwarten, dass starke Selbstzweifel im Hinblick auf die zukünftige Kompetenz als Eltern dominieren. In der darauffolgenden Anpassungsphase, die zwischen dem vierten und sechsten Schwangerschaftsmonat beginnt, kommt es zu einer physischen und psychischen Akzeptanz der Schwangerschaft, wobei die ersten wahrnehmbaren körperlichen Bewegungen des ungeborenen Kindes einen wesentlichen Anteil dazu beitragen. Die anschließende Konkretisierungsphase ist durch ein größeres Wohlbefinden gekennzeichnet, wodurch die positive Einstellung zur Schwangerschaft weiter gefördert wird. Der erste Zyklus schließt mit der Antizipations- und Vorbereitungsphase ab, die von einer Zunahme der körperlichen Beschwerden geprägt ist. Die werdenden Eltern bereiten sich nun zunehmend auf die bevorstehende Geburt zu. Der Geburt ist ein autonom ablaufender Prozess und stellt den ersten direkten Kontakt zwischen den Eltern und dem Neugeborenen her. Die Qualität der Geburtserfahrung entscheidet maßgeblich darüber, wie dieses Ereignis nachhaltig verarbeitet wird. Nach der Geburtsphase erfolgt ein weiterer Zyklus mit drei aufeinanderfolgenden Phasen, die sich nun an den Lebensmonaten beziehungsweise an der Entwicklung des Kindes ausrichtet. Die Phase der Überwältigung und Erschöpfung, die in etwa bis zum zweiten Lebensmonat andauert, ist durch eine völlige psychische und körperliche Erschöpfung gekennzeichnet. Die Eltern erleben auf der einen Seite intensive Glücksmomente, auf der anderen Seite sind jedoch auch Gefühle der Hilflosigkeit und depressive Emotionen vorzufinden. Die anschließende Phase der Herausforderung und Umorientierung, deren Dauer nicht genau vorhersehbar ist, kann dadurch charakterisiert werden, dass sich neue Routinen im Familienalltag etablieren, wie beispielsweise die geschlechtsspezifische Aufgabenverteilung. Die letzte Phase dieses Prozessmodells bezeichnet die Gewöhnungsphase, die ungefähr nach 12 Lebensmonaten des Kindes eintritt. Die Elternrolle ist nun von Stabilität gekennzeichnet und erfolgreich in alltagsstrukturelle Situationen integriert (vgl. Gloger-Tippelt 1988, S. 59-113). Die erste Zeit der Schwangerschaft und die ersten Monate nach dem Geburtsakt stellen dabei die kritischen Phasen dar, da die Eltern nun mit den neuen und dauerhaften Anforderungen eines Neugeborenen allein zurechtkommen müssen (vgl. Gloger-Tippelt 2007, S. 514).

Positiv anzuführen ist, dass dieses Verarbeitungsmodell durch konkrete Anhaltspunkte Orientierung für Eltern bietet sowie die Möglichkeit schafft, Beratungszeitpunkte und -themen für Paare auszuwählen (vgl. Gloger-Tippelt 2005, S. 61). Obwohl eine empirische Prüfung dieses Modells niemals stattgefunden hat, ist es Gloger-Tippelt dennoch gelungen, emotionale, verhaltensmäßige und kognitive Veränderungen im Prozess der Elternschaft zu verdeutlichen und durch die Ergebnisse ihrer Befragungen Einblicke in das Erleben und Verarbeiten dieses tiefgreifenden Lebensereignisses zu gewähren (vgl. Papastefanou/Hofer 2002, S. 172).

Obgleich dieses Modell in der gängigen Literatur ein viel zitiertes Werk ist, sind auch zahlreiche kritische Anmerkungen an dieser Stelle anzuführen. Jungbauer (2009, S. 34) konstatiert, dass das Prozessmodell nicht strikt auf jedes Paar anwendbar ist, da der Übergang zur Elternschaft auch ganz anders erlebt werden kann. Dies ist vor allem dann der Fall, wenn finanzielle Sorgen, Beschwerden während der Schwangerschaft oder auch tiefgreifende Konflikte zwischen den Eltern bestehen. Außerdem ist zu erwähnen, dass dieses Modell eher auf das Erleben der Mütter hin ausgerichtet ist und somit nicht unbedingt auf die Väter anwendbar ist (vgl. Gauda 1990, S. 45). Zwar erfahren die Frauen nach der Geburt des ersten Kindes im Vergleich zu den Männern gravierendere Veränderungen, Umstellungen und Belastungen, dennoch sind die sogenannten „neuen Väter" seit den 1980er Jahren verstärkt am Erleben der Schwangerschaft beteiligt. „Diese Väter wollen nicht mehr nur außerhalb der engen Zwei-Einheit von Mutter und ungeborenem Kind stehen. Sie beanspruchen, in die Veränderungsprozesse während der Schwangerschaft eingebunden zu werden, Kindsbewegungen im Uterus mitzuerleben etc. Dass sie zu Vorsorgeuntersuchungen mitgehen, ist für die meisten Männer ebenso eine Selbstverständlichkeit geworden wie ihre Teilnahme an Geburtsvorbereitungskursen und ihre Anwesenheit bei der Geburt" (Marx 2011, S. 47f.). Hinzuzufügen ist, dass dieses Modell mit der Feststellung der Schwangerschaft beginnt und die für den Übergang zur Elternschaft relevanten Prozesse, die vor der Schwangerschaft stattfinden, aber unberücksichtigt bleiben. So trägt Herff

(1990, S. 9) treffenderweise zusammen: „Die Einteilung in Phasen bringt zum Ausdruck, dass die Bewältigung der Übergangssituation nicht erst beginnt, wenn das Kind geboren ist, sondern bereits in der Schwangerschaft. Nicht einsichtig erscheint mir allerdings, weshalb die Planung der Elternschaft, die doch heute, wie wir gesehen haben, in den meisten Fällen stattfindet, nicht in dieses Verlaufsmodell mit einbezogen wird".

3 Die Partnerschaft nach der Geburt des ersten Kindes

Entscheiden sich Paare dazu, eine Familie zu gründen, dann erhoffen sich die Meisten dadurch, dass ihre Beziehung durch ein gemeinsames Kind gekrönt und ihr Zusammengehörigkeitsgefühl verstärkt wird. Sie richten viele Hoffnungen und Wünsche auf den Nachwuchs und wollen ihrem Kind eine optimale Förderung gewährleisten (vgl. Beck-Gernsheim 1990, S. 167ff.). Das zumeist medial geprägte Bild der Mutter, welches beinhaltet, dass ein Leben mit Kindern unbeschwert ist und ausschließlich mit beglückenden Momenten einhergeht, begünstigt diese Vorstellungen (vgl. Mundlos 2016, S. 32). Die Soziologin Beck-Gernsheim (1989, S. 50) konstatiert, dass diese Sicht auch tendenziell nicht falsch ist, aber eben nur eine Seite der Wirklichkeit präsentiert. Fakt ist, dass die oben erwähnten Ideologien werdender Eltern in der Regel in einem deutlichen Kontrast zu dem stehen, was diese in der Realität erfahren.

Im vorherigen Kapitel wurden bereits die Veränderungen in Folge der Erstelternschaft auf der biologischen, sozialen und psychischen Ebene dargestellt. Die Familienwerdung nimmt aber nicht nur einen erheblichen Einfluss auf den Tagesablauf oder die jeweilige Identität der Mutter und des Vaters, sondern stellt insbesondere auch für die Paarbeziehung der Eltern eine harte Belastungsprobe dar. Dies resultiert vornehmlich daraus, dass die Partner einerseits durch die gemeinsame Verantwortung in einem stärkeren Ausmaß aufeinander angewiesen sind, zum anderen ist dieses Ereignis mit einer deutlichen Abnahme an partnerschaftlicher Zugewandtheit verbunden, sodass die Zweierbeziehung aufgrund neuer Aufgabenbereiche und alltagsstruktureller Herausforderungen sehr häufig auf der Strecke bleibt (vgl. Kalicki et al. 1999). Denn „die Geburt des Kindes und damit der Beginn des eigentlichen Familienlebens stellt das Paar vor die Aufgabe, neue Rollen zu übernehmen und das ehedem dyadische Miteinander in ein triadisches Zusammenleben zu überführen. Dieser Prozess führt zu Belastungen und Auseinandersetzungen in der Paarbeziehung, die mit einer zunehmenden Unzufriedenheit einhergehen" (Marx 2011, S. 42).

3.1 Zentrale partnerschaftliche Veränderungen

In diesem Kapitel werden nun die wesentlichen Veränderungen in der Partnerschaft aufgeführt, die sich im Zuge der Familiengründung ergeben. Vordergründig werden dabei die wesentlichen Dimensionen erfasst, nämlich das traditionelle Rollenarrangement zwischen Frau und Mann, die Veränderung der Paarinteraktion, Einschränkungen hinsichtlich der Freizeitgestaltung, sowie das Absinken der

Zufriedenheit in der Partnerschaft. Relevant ist, dass die nachfolgend aufgeführten Aspekte in einem engen Zusammenhang miteinander stehen. Partnerschaftliche Unzufriedenheit kann beispielsweise eine gespannte Atmosphäre erzeugen, welche sich wiederum eher abträglich auf die partnerschaftliche Zuwendung niederschlägt (vgl. Jungbauer 2009, S. 37).

3.1.1 Berufliche Situation und innerfamiliäre Aufgabenverteilungen

In den letzten Jahrzehnten haben sich in der Gesellschaft bestimmte Wertvorstellungen von Partnerschaft und Familie etabliert, welche die Gleichstellung von Frau und Mann bezüglich beruflicher und innerfamilialer Aufgaben fokussiert (vgl. Fthenakis et al 2002, S. 97). Dieser gegenwärtige Wandel hat sich allerdings nur teilweise auf der Verhaltensebene manifestiert. Zwar existiert bei zahlreichen Paaren vor der Geburt des gemeinsamen Kindes eine weitgehend egalitäre Aufteilung herkömmlicher Rechte und Pflichten, jedoch geht in den meisten Fällen mit dem Eintritt in die Familienphase eine Neuorganisation beziehungsweise eine Umverteilung der etablierten Rollenmuster in eine traditionelle Richtung zu Ungunsten der Frauen einher (vgl. Bundesministerium für Familie, Senioren, Frauen und Jugend 2006, S. 106). Interessant ist also, dass die traditionelle Aufgabenverteilung nach der Geburt des ersten Kindes zurückkehrt und nur selten wieder umgekehrt wird. Somit ist der Übergang zur Elternschaft bei den meisten Paaren mit dem sogenannten „Traditionalisierungseffekt" (vgl. Olbrich/Brüderl 1995, S. 419) verbunden. Somit entscheiden sich Paare zu einer geschlechtssegregierten Aufgabenverteilung. Dies erstreckt sich grundlegend auf drei Bereiche, nämlich auf die berufliche Situation, welche den Schwerpunkt dieses Abschnittes darstellt, die Haushaltsführung sowie die Versorgung der Kinder.

In diesem Zusammenhang ist zunächst zu explizieren, dass meistens Frauen mit der Familiengründung ihre Berufstätigkeit dauerhaft aufgeben oder diese zumindest teilweise reduzieren. Komplementär dazu gehen Männer wiederum der außerhäuslichen Erwerbstätigkeit nach, um die ökonomische und wirtschaftliche Sicherung der Familie zu gewährleisten. In der familienpsychologischen Längsschnittstudie von Fthenakis et al. (2002), die die Entwicklung von 175 jungen Paaren von der Schwangerschaft bis drei Jahre nach der Geburt ihres Kindes untersuchen, waren vor der Geburt des ersten Kindes 79 Prozent der Erstmütter erwerbstätig und zu 21 Prozent nicht erwerbstätig. Bei den Erstvätern ergibt sich zu diesem Zeitpunkt ein ähnliches Muster: 82 Prozent gingen einer beruflichen Tätigkeit nach, während 18 Prozent erwerbslos waren. Insgesamt kann hier angemerkt werden, dass sich vor der Geburt des ersten Kindes die Erwerbsbeteiligung von Männern und Frauen kaum unterscheidet. Eineinhalb Jahre nach dem Eintritt in die Familienphase und auch noch drei Jahre nach der Ankunft des Kindes ist nahezu jede zweite Frau erwerbslos, während die Quote der Erwerbslosigkeit bei den Männern unter 10 Prozent beträgt. Diese Konsequenzen bilden sich auch im durchschnittlichen zeitlichen Umfang der Erwerbstätigkeit deutlich ab. In diesem Zusammenhang arbeiten Frauen und Männer vor der Geburt des ersten Kindes etwas mehr als 30 Stunden pro Woche. Mit der Übernahme der Elternschaft steigern die Väter zusätzlich ihr berufliches Engagement, die Mütter reduzieren ihre Erwerbsarbeit deutlich, und zwar über einen längeren Zeitraum hinweg (vgl. Bundesministerium für Familie, Senioren, Frauen und Jugend 2006, S. 107f.).

Diese Situation der Frauen wird von der Soziologin Beck-Gernsheim als „Biographiewechsel" (Beck-Gernsheim 1989, S. 50) bezeichnet. „Denn der Normalfall ist heute, die jungen Frauen werden berufstätig und bleiben es auch - bis zur Geburt des Kindes. Dann wird die Berufstätigkeit aufgegeben oder stark eingeschränkt, für eine Zwischenphase zumindest. Ein Kind bekommen heißt deshalb nicht eben nur Mutter werden, sondern zugleich noch weit mehr: überwechseln zu einem anderen Arbeitsbereich, nämlich zur Arbeit fürs Kind und im Haushalt (vgl. ebd.). Die Geburt des ersten Kindes stellt also insbesondere für die Frauen eine massive Kehrtwende im Leben dar.

Diese ‚Traditionalisierung' der Rollenverteilungen ist allerdings nicht nur auf der beruflichen Ebene zu verzeichnen, sondern setzt sich auch bei innerfamiliären Aufgaben fort, also im Haushalt sowie bei der Betreuung und Versorgung des Kindes beziehungsweise der Kinder (vgl. Schneider/Rost 1995, S. 187f.).

Welche Auswirkungen der Übergang zur Elternschaft auf die Arbeitsteilung im Haushalt hat, konnte durch die Ergebnisse von Rost und Schneider eindrucksvoll belegt werden. Durch eine Gegenüberstellung der Arbeitsteilung von Eltern und kinderlosen Paaren nach vier Ehejahren konnte ermittelt werden, dass sich die Arbeitsteilung bei den kinderlosen Paaren nur wenig verändert hatte, während sich dieser Anteil bei den Eltern stark verändert hatte. Demnach wird die Bemühung einer weitgehend egalitären Arbeitsteilung vor der Geburt des Kindes durch den Prozess der Familiengründung grundlegend revidiert und ersetzt (Rost/Schneider 1994, S. 49).

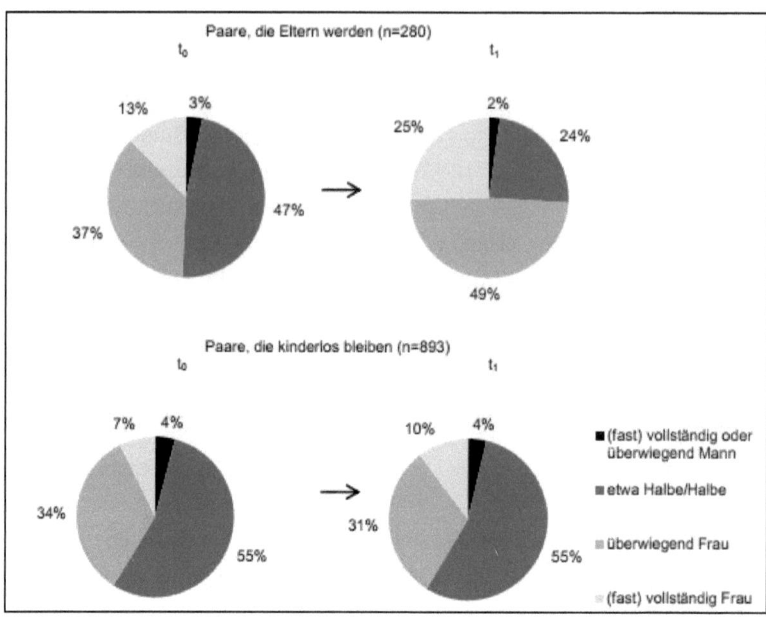

Abbildung 2 Entwicklung der Arbeitsteilung bei der Hausarbeit bei Eltern und kinderlosen Paaren, Quelle: Dechant, A./Rost, H./Schulz, F. (2014)

Abbildung 2 zeigt auf, wie die typischen Haushaltstätigkeiten wie Waschen, Putzen und Kochen zu zwei bestimmten Zeitpunkten (t0 und t1) zwischen Frauen und Männern aufgeteilt waren. Von 1173 Paaren haben im Beobachtungszeitraum der ersten vier Erhebungswellen des Familienpanels, 280 Paare ihr erstes Kind bekommen, währenddessen 893 Personen kinderlos geblieben sind. Während bei den Kinderlosen mit 55 Prozent eine eher egalitäre Aufteilung erfolgt, sieht das bei den Paaren, die bereits Eltern sind, schon etwas anders aus. Während zum ersten Zeitpunkt mit 47 Prozent noch eine weitgehend egalitäre Aufteilung zu verzeichnen war, kann zum zweiten Zeitpunkt festgehalten werden, dass überwiegend die Frauen mit 49 Prozent diese Tätigkeiten verrichten. Zusammenkommend kann formuliert werden, dass es im Laufe der Erstelternschaft zu einer geschlechtsspezifischen Arbeitsteilung im Haushalt kommt und zwar dahingegen, dass überwiegend Frauen Tätigkeiten wie Waschen, Kochen und Putzen übernehmen. Dementsprechend sinkt auch der Anteil der Paare mit einem egalitären Verteilungsarrangement deutlich ab. Dadurch kann ebenfalls bestätigt werden, dass sich der Beitrag des Mannes an der Hausarbeit im Zuge der Elternschaft deutlich reduziert (vgl. Dechant/Schulz/Rost 2014, S. 156f).

Darüber hinaus erfordert das triadische Familiensystem neue Aufgaben der Kindesversorgung, die trotz einer kontinuierlichen Zunahme der väterlichen Beteiligung an Erziehung und Betreuung ihrer Kinder, in der Regel ebenfalls im Verantwortungsbereich der Frauen liegen. Schneider und Rost (1995, S. 177) heben in diesem Kontext hervor, dass die Beteiligung des Mannes an der Kinderbetreuung eher optional ist, im Kontrast dazu kann die Frau nicht von Wahlmöglichkeiten Gebrauch machen, sie kann sich zwar entscheiden, ein Kind zu bekommen oder nicht, aber nach der Ankunft des Kindes ist es vorwiegend die Frau, „die sich, viel stärker als der Mann, mit den aus der Elternschaft resultierenden langfristigen Verpflichtungen und Einschränkungen der persönlichen Handlungsmöglichkeiten arrangieren muss" (ebd.). Frappierend ist, dass aber auch die Männer mit dieser ‚Restabilisierung' traditionaler Rollen konfrontiert werden. Da sie in den meisten Fällen mehr verdienen als die Frauen, ist ihr Weg in die *traditionelle Brotverdiener-Rolle* bereits früh vorgezeichnet (ebd., S. 178).

Darüber hinaus hängt die Beteiligung der Väter vor allem von den jeweiligen Aufgabentypen ab. Demnach übernehmen Väter eher Tätigkeiten wie Spielen oder Vorlesen von Geschichten, während sich Frauen vorwiegend um Routinearbeiten, Versorgungstätigkeiten und um die Alltagsorganisation mit Kind kümmert (Bundesministerium für Familie, Senioren, Frauen und Jugend 2006, S. 108f.). In dieser Hinsicht untermauert Bischof-Köhler (2011, S. 133), dass Mütter und Väter unterschiedliche Interaktionsstile aufweisen. Während sich der mütterliche Stil vordergründig auf die Sicherheitsebene bezieht, kommt der Vater dem Bedürfnis nach Erregung nach, welches sich beispielsweise durch spaßbetonte Spielweisen oder durch eine explorative Unternehmenslust äußert. „Die hauptsächliche Bedeutung der Mutter liegt in erster Linie im Bereich des Sicherheitssystems. Sie ist primär die Vermittlerin von Geborgenheit, diejenige bei der das Kind in wirklichen Stresssituationen Zuflucht sucht. Das väterliche Verhalten dagegen hat seinen Schwerpunkt in der Förderung und Befriedigung des kindlichen Erregungsbedürfnisses" (Bischof-Köhler 2011, S. 133).

Wie stark die Partizipation der Väter an der Betreuung des Kindes letzten Endes ist hängt von mehreren Faktoren ab. Die asymmetrische Aufgabenverteilung zwischen Frauen und Männern wird insbesondere dadurch begünstigt, dass alltägliche Routinetätigkeiten und Versorgungsaufgaben des Kindes unmittelbar erledigt werden müssen, der Vater durch seine außerhäusliche Erwerbstätigkeit aber eben nicht anwesend ist. Die Beteiligung an bestimmten Aufgaben wird allerdings nicht nur von seiner zeitlichen Verfügbarkeit und seiner Einspannung im Erwerbsleben bestimmt, sondern vorzugsweise auch von seiner vorgeburtlichen Einstellung gegenüber der Schwangerschaft und künftigen Elternschaft, von spezifischen Temperamentsmerkmalen des Kindes sowie von ihren Kompetenzen im Umgang mit dem Kind (vgl. Fthenakis et al. 2002, S. 136ff.). Überaus bedeutsam in diesem Kontext ist aber auch, inwieweit die Frau den kindbezogenen Fähigkeiten ihres Partners vertraut (vgl. ebd., S. 141ff.). In dieser Hinsicht stehen also auch bestimmte *Ehe-Mechanismen* einem aktiven familiären Engagement des Mannes an der Kinderpflege entgegen (vgl. Cowan & Cowan 1994, S. 151). Mütter, die die Verantwortung für das Kind für sich beanspruchen und dem Partner somit die Rolle des Familienernährers zuweisen, wenig Vertrauen und Zutrauen in die Kompetenzen des Partners hinsichtlich des Umgangs mit dem Kind haben, ihren Partner nicht ausreichend in die Betreuung und Pflege einbinden sowie die Aktivitäten des Partners mit dem Kind verstärkt kontrollieren und kritisieren, untergraben die Motivation des Partners und ermöglichen es auf diese Weise nicht, dass der Vater ausreichende Kompetenzen und Erfahrungen im Umgang mit seinen Kindern entfalten kann (vgl. Fthenakis et al. 2002, S. 141ff.). Diese Steuerung durch die Mütter führt in der Regel dazu, dass sich Väter in Lebensbereiche zurückziehen, in denen sie Anerkennung und Bestätigung erfahren, wie dies beispielsweise am Arbeitsplatz der Fall sein kann. Dieser Umstand kann von der Partnerin als Rückzug aus dem Familienleben interpretiert werden, was in der Folge zu einer verstärkten Zuwendung zum Kind führt. Daraus kann sich als Konsequenz ergeben, dass sich die Mutter alleingelassen und der Vater hinausgedrängt fühlt (vgl. Bundesministerium für Familie, Senioren, Frauen und Jugend 2006, S. 110). Der Umstand, dass das mütterliche Verhaltensweisen einen maßgeblichen Einfluss auf das väterliche Engagement in der Familie aufweisen, wird gemeinhin als „Maternal Gatekeeping" (Cierpka et al. 2014, S. 119f.) bezeichnet.

Interessanterweise heben Fthenakis und Minsel (2002, S. 56) in ihrer Untersuchung hervor, dass diese Lebensweise keineswegs dem Wunsch der jungen Eltern entspricht. Mehr als zwei Drittel der Väter sehen sich eher als Erzieher ihrer Kinder, nur ein knappes Drittel als „Brotverdiener" der Familie. Vordergründig steht nun die Frage im Vordergrund, inwieweit sich die ungleichen Aufgabenverteilungen zwischen Frau und Mann beim Übergang zur Elternschaft erklären lassen. Die Begründungen sind vielfältig und facettenreich.

In diesem Zusammenhang werden zunächst oftmals finanzielle und ökonomische Rahmenbedingungen ins Feld geführt. Da die Männer in der Regel mehr verdienen als Frauen, die in Führungspositionen nach wie vor noch deutlich unterrepräsentiert sind, nehmen sie die Rolle des alleinigen Familienernährers an. Damit verbunden sind es auch fast ausschließlich die Frauen, die den Erziehungsurlaub beziehen. Ursächlich für die geringe Inanspruchnahme dieses Arrangements durch Männer sind Befürchtungen hinsichtlich finanzieller Einbußen sowie die Sorge, Diskriminierungen auf privater und beruflicher Ebene zu erfahren (vgl. Oberndorfer/Rost 2002, S. 49ff.).

In diesem Kontext können nach Rost und Schneider (1994, S. 49) die geschlechtsspezifischen Strukturen zunächst damit erklärt werden, dass den Frauen, da sie ja in der Regel den Erziehungsurlaub beanspruchen, mehr Zeit für Haushaltsaufgaben und Kinderbetreuung zur Verfügung steht als ihren berufstätigen Männern. Diese Erklärung erweist sich allerdings als ungenügend, da sich dieser ‚Traditionalisierungseffekt‘ nicht wieder auflöst, sobald die Frau in ihren Beruf zurückkehrt. Außerdem tritt diese Rollenverteilung genauso häufig bei Müttern in Teilzeitbeschäftigungen, als auch bei Müttern auf, die in Vollzeit beruflich eingespannt sind (Rost/Schneider 1994, S. 49). Weiterhin führen sie als einen Erklärungsversuch an, dass diese Situation in gesellschaftliche Verhältnisse beziehungsweise in eine bürgerliche Tradition eingebettet ist, „die besonders in den alten Bundesländern durch die weithin ungebrochen hohe Bedeutung des Normkomplexes *gute Mutter* gekennzeichnet ist. Die Norm der *guten Mutter* basiert heute im Kern auf der Prämisse, dass es für die kindliche Entwicklung am besten ist, wenn es in den ersten Lebensjahren bei seinen Eltern (in der Praxis bedeutet dies: bei seiner Mutter) aufwächst. Daraus leitet sich unmittelbar ab, dass die Mutter zum Kind gehört und außerfamiliale Betreuungskonstellationen stets nur eine weniger gute Lösung darstellen" (Rost/Schneider 1995, S. 20). Gute Mütter zeichnen sich also dadurch aus, dass sie die Hauptverantwortung für das Kind übernehmen und ihr Leben zum Wohle ihres Kindes umgestalten. Mütter, die ihre Arbeit wieder frühzeitig aufnehmen wollen, werden dahingegen als von der Norm abweichend erlebt und gesellschaftlich degradiert (vgl. Dechant/Rinklake 2016, S. 111). Zudem kann als eine weitere Begründung hinzugefügt werden, dass die Hauptmotivation der Mütter, die diese klassische Rollenverteilung praktizieren, darin liegt, dass sie Angst vor negativen Effekten hinsichtlich der Mutter-Kind-Beziehung haben (vgl. Reichle 1994,). Nach Reichle sind die Ursachen für diese Entscheidung vorzugsweise „Wertnormen bezüglich der Betreuung des Säuglings, eigene und Normen des Partners über gerechte Verteilungen zwischen den Geschlechtern, Bildungsniveau von Frau und Mann, spezifische Kompetenzen der Frau und entsprechende Inkompetenzen des Mannes, das Fehlen von außerfamilialen Kinderbetreuungseinrichtungen, materielle Ressourcen (vielleicht auch der Anreiz des Erziehungsgeldes) [sowie] das Fehlen von Teilzeitarbeitsplätzen" (Reichle 1996, S. 82, Zusatz v. Jennifer Stiebeling).

Schließlich wird dieser Prozess also auch durch gesellschaftliche Strukturen maßgeblich begünstigt, wie beispielsweise durch den Mangel an außerfamilialer Kinderbetreuung, durch innere Rollenbilder, wenige Teilzeitmodelle sowie Erwartungen, die in Betrieben Frauen und Männern hinsichtlich ihrer Verfügbarkeit für den Beruf entgegengebracht werden. Durch diese Strukturen entsteht ein gewaltiger Sog, der die traditionellen Muster der geschlechtssegregierten Aufteilung ständig neu reproduziert (Jellouschek/Jellouschek 2005, S. 25). Jungbauer (2009, S. 35) hingegen vertritt in dieser Hinsicht die Auffassung, dass dieses Rollenarrangement psychologisch gesehen eine sinnvolle Bewältigungsfunktion erfüllt, denn „in einer Situation, die für beide Partner neu und verunsichernd ist, können traditionelle männliche und weibliche Rollen eine wichtige Orientierung darstellen. Die Veränderungsdynamik findet teils bewusst, teils unbewusst statt. Systemisch gesprochen finden dabei zirkuläre Interaktionsprozesse zwischen den Partnern statt, die eine Verstärkung der geschlechtsspezifischen Arbeitsteilung bedingen und aufrechthalten".

Zusätzlich ist zu betonen, dass diese langfristig praktizierte geschlechtsspezifische Rollenaufteilung selten das Ergebnis eines bewussten Entscheidungs- oder Aushandlungsprozesses zwischen den Paaren ist. Vielmehr schleichen sich bestimmte Muster der Aufgabenteilung im Laufe der Zeit ein und stabilisieren sich zunehmend. Vorwiegend Mütter, aber auch Väter finden sich dementsprechend häufig in einer Lebenssituation wieder, die den eigenen Vorstellungen einer erfüllenden Lebensgestaltung kaum mehr entspricht (vgl. Bundesministerium für Familie, Senioren, Frauen und Jugend 2006). Dabei ist zu postulieren, dass die geschlechtsspezifische Arbeitsteilung aber nur dann zu Beeinträchtigungen führt, wenn diese nicht den Normen, Planungen, Vorstellungen oder Erwartungen entspricht und die Verantwortlichkeiten bei der Partnerin oder dem Partner gesucht werden. Die Zufriedenheit mit der Verteilung der innerfamiliären Aufgaben ist als entscheidende Variable im Hinblick auf die weitere Paarentwicklung anzusehen (vgl. Gloger-Tippelt 2007, S. 520). Wird die Situation als unbefriedigend angesehen, so stellt dies also nicht selten ein Risikofaktor für die Paarbeziehung dar (vgl. Fthenakis et al. 2002, S. 514). Unterdessen hat die Trierer Längsschnittstudie (vgl. Reichle 2002, S. 84f.) verdeutlicht, dass mit der ersten Geburt Aufgabenveränderungen verknüpft sind, die vor allem für die Lebenssituation der Frauen mit Einschränkungen einhergehen. Wenn diese Beeinträchtigungen als ungerecht empfunden werden, dem Partner dies angelastet wird und daraus Gefühle wie Ärger, Enttäuschung und Empörung entstehen, so geht dies in der Konsequenz mit einer Abnahme der Partnerschaftszufriedenheit einher, und zwar schon fünf Monate nach der Geburt. Daran anschließend merken Papastefanaou und Hofer (2002, S. 173) in ihrem Werk an, dass vor allem nicht-traditionelle Frauen unter dieser Situation leiden, insbesondere dann, wenn diese spezialisierte Aufgabenverteilung nicht den jeweiligen Vorstellungen entspricht, nicht akzeptiert wird und die geringe Unterstützung des Partners mit einem zunehmenden Ungerechtigkeitserleben einhergeht.

Die geschlechtssegregierte Aufgabenverteilung ist allerdings kein vorübergehendes Phänomen, sondern erweist sich als überaus resistent gegenüber Veränderungen. Im Laufe der ersten viereinhalb Lebensjahre des Kindes gehen zwar wieder zahlreiche Frauen einer Erwerbstätigkeit nach, in der Regel handelt es sich hierbei aber um Teilzeitbeschäftigungen. Die Tatsache, dass eine Umverteilung von innerfamilialen Aufgaben auch in dieser Zeit nur eher knapp ausfällt, bedeutet für die Frauen fast zwangsläufig eine Doppelbelastung.

An dieser Stelle sollte auch darauf hingewiesen werden, dass die geschlechtsspezifische Segregation zwar sehr häufig auftritt, nicht in allen Fällen aber als negativ erlebt werden. Vielmehr konnte Bauer (1992, S. 106) anhand seiner Studie nachweisen – wenn auch nur mit einer geringeren Anzahl an Befragten - dass die Veränderungen, die im Übergang zur Elternschaft auftreten, nicht zwangsläufig als Einschränkungen erfahren werden müssen. Ob sich diese Veränderungen letzten Endes einschneidend auswirken, hängt somit vor allem von drei wesentlichen Faktoren ab, nämlich von der „Ursachenzuweisung", von der „Zugänglichkeit von Lösungsmöglichkeiten" beziehungsweise von der „Effizienz der angewandten Bewältigungsstrategien" (Bauer 1992, S. 106).

Zusammenkommend ist abschließend zu betrachten, „dass die Lebensgestaltung von Frauen durch die Familiengründung wesentlich stärker verändert wird, als die der Männer. Während sich der Alltag der Väter durch die Geburt des ersten Kindes nur wenig verändert - insbesondere setzen sie ihre berufliche Tätigkeit weitgehend unverändert fort - erleben die Frauen eine umfassende Umstrukturierung ihres Alltags, die nahezu alle Lebensbereiche betrifft" (Bundesministerium für Familie, Senioren, Frauen und Jugend 2006, S. 110).

3.1.2 Veränderungen der Paarinteraktion

Auch hinsichtlich der Paarinteraktion sind im Übergang zur Elternschaft erhebliche Veränderungen festzustellen. Das Neugeborene ist vollkommen abhängig und auf eine permanente Bedürfnisbefriedigung angewiesen. Somit kann es Wochen dauern, bis erste Intimitäten zwischen den Partnern wieder ausgetauscht werden können. Die wachsenden Anforderungen und Belastungen im Zuge der Elternschaft wirken sich also auch auf intimere Aspekte der Paarbeziehung aus, nämlich auf die partnerschaftliche Zuwendung und Nähe, sexuelle Beziehung, Häufigkeit von Konflikten sowie auf die Ehezufriedenheit insgesamt (vgl. Cowan & Cowan 1994, S. 155).

Nach der Geburt eines Kindes verbringen die Paare durchschnittlich weniger Zeit miteinander, gehen weniger gemeinsamen Aktivitäten nach und reden weniger miteinander. Dahingegen kommt es vermehrt zu Konfliktsituationen und Streitigkeiten zwischen den Partnern (vgl. Jungbauer 2009, S. 36). Der veränderte Alltag und die damit verbundenen Belastungen haben direkte Auswirkungen auf das partnerschaftliche Kommunikationsverhalten. Relevante Dinge können nun nicht mehr in Ruhe, sondern nur noch in Kürze, während einer Ruhephase des Kindes, besprochen werden. „Der Mangel an ungestörter Kommunikation trifft Paare in einer Phase des erhöhten Kommunikationsbedarfes, besonders wenn es um die Organisation des Alltags geht" (Weigelt 2011, S. 6). Kontextualisiert lässt sich formulieren, dass die Paarkommunikation im Zuge der Familienwerdung sowohl quantitativ als auch qualitativ abnimmt. Als ein wesentlicher Grund dafür kann angeführt werden, dass die Pflege und Betreuung kleiner Kinder nicht nur zeitaufwendig, sondern auch psychisch und physisch anstrengend ist, sodass im Alltag oft die Kraft fehlt, sich auch noch aufmerksam um die Belange des Partners zu kümmern (vgl. Jungbauer 2009, S. 36). Zu untermauern ist, dass Konflikte leichter auftreten können, wenn die partnerschaftliche Stimmung „gereizt, erschöpft und unzufrieden" (ebd.) ist. Diese Tatsachen wiegen aber umso schwerer, als dass mit der gemeinsamen Verantwortung für das Kind, auch die wechselseitige Abhängigkeit der Partner wächst und somit ein erhöhter Abstimmungs- und Kommunikationsbedarf erforderlich wird (vgl. Fthenakis 2002, S. 66).

Die Qualität der partnerschaftlichen Kommunikation ist einer der wichtigsten Faktoren für die Beziehungszufriedenheit (Schmidt-Denter 2005, S. 180). Zufriedene Paare zeichnen sich durch positive, beziehungsstabilisierende Kommunikationsstrukturen aus, wie beispielsweise Zuhören, konstruktive Konfliktlösung, Wertschätzung. Demgegenüber verstärken sich negative Kommunikationsmuster bei unzufriedenen Paaren und haben den Charakter eines Teufelskreises. Dies äußert sich beispielsweise darin, dass ein Streit durch gegenseitige Kritik, negative Interpretationen sowie durch aggressives Verhalten eskaliert (vgl. Jungbauer 2009, S. 78).

Die Tatsache, dass der erhöhte Kommunikationsbedarf durch die anfallenden Umstrukturierungen im Übergang zur Elternschaft aufgrund eines knappen Zeitkontingents der Eltern weitgehend unberücksichtigt bleibt, verursacht Eskalationen und dysfunktionales Streitverhalten im Familiensystem (vgl. Jurgan et al. 1999, S. 48), was sich wiederum eher ungünstig auf den weiteren Verlauf der Partnerschaftszufriedenheit auswirkt.

Wie Bauer (1992, S. 101) in einer qualitativen Untersuchung aufzeigen konnte, treten Wut oder Streitigkeiten vor allem dann auf, wenn es den Partnern nicht gelingt, einen Ausgleich für die geringe gemeinsame Zeit zu finden. Außerdem wurde verdeutlicht, dass vornehmlich der Umgang mit dieser veränderten Situation viel bedeutsamer ist, als der Zeitverlust an sich.

Weitere Veränderungen im Zuge der Elternschaft betreffen die partnerschaftliche Zuwendung und sexuelle Beziehung des Paares. Der Austausch von Zärtlichkeiten zwischen den Partnern nimmt nach der Geburt des Kindes deutlich ab. Diesbezüglich sind vorwiegend seelische und körperliche Faktoren ausschlaggebend. Schon vorgeburtlich, also noch in der Schwangerschaft, verändert sich die sexuelle Beziehung dahingegen, dass intime Aktivitäten bereits deutlich abnehmen (vgl. Jellouschek-Otto/Jellouschek 2005, S. 16f.). Diese Situation ist mit der konkreten Angst verbunden, dem Kind physisch zu schaden oder es zu verletzen (ebd., S. 17). Nach der Geburt verspüren viele Frauen keine Lust auf eine sexuelle Interaktion. Als ursächlich gelten Schmerzen nach der Geburt, Veränderungen im Hormonhaushalt, Müdigkeit, Erschöpfung, Unzufriedenheit mit dem eigenen Körperbild nach dem Geburtsereignis sowie Angst vor Schmerzen beim Geschlechtsverkehr (vgl. Weigelt 2011, S. 6). Insbesondere stillende Mütter sind oftmals übersättigt durch den ständigen Körperkontakt mit dem Neugeborenen. Denn „Stillen ist eine sexuelle Beziehung. Wie jede andere sexuelle Beziehung kann diese so ausfüllend, einnehmend und ausschließlich werden, dass die Frau in ihrem Empfinden und Erleben keinen Raum mehr für eine weitere sexuelle Beziehung hat, nämlich die zum Mann" (Bullinger 1986, S. 57). Eine sexuelle Hemmnis kann ebenfalls durch die Anwesenheit von Kindern begründet werden. In diesem Zuge ist zu erwähnen, dass der Mangel an Ungestörtheit einen wesentlichen Aspekt zur Verschlechterung der sexuellen Interaktion darbietet. Sexualität braucht aber eine gewisse erotische Atmosphäre und ungestörte Zweisamkeit, um sich auf den Partner einlassen zu können (vgl. Weigelt 2011, S. 6).

Neben diesen körperlichen Aspekten, gibt es aber auch noch zahlreiche andere Faktoren, die sich negativ auf die Sexualität der Partner auswirken können. Mit dem Übergang vom Paar zur Familie verändert sich die gesamte Lebenssituation. Das Paar ist nun nicht mehr alleine und kann jederzeit gestört werden. Die sexuelle Verweigerung der Frau kann in diesem Zusammenhang auch als „Autonomie-Wahrung" angesehen werden (vgl. Jellouschek-Otto/Jellouschek 2005, S. 18).

Cowan und Cowan (1994, S. 157) legen in ihrer Studie nahe, dass auch der Wandel im Selbstbild und Rollenverständnis beider Elternteile, als ein weiterer seelischer Faktor, zu einer signifikanten Reduzierung des Sexuallebens führt. Zwar kommt dieser Aspekt meistens nicht zur Sprache, allerdings geht dieser mit der Prämisse einher, dass Eltern eben keine sexuellen Aktivitäten ausüben sollten.

Ungestörte Zweisamkeit ist also nun nicht mehr oder nur noch selten möglich (vgl. Weigelt 2011, S. 6). Insgesamt gesehen weicht die anfängliche Liebesbeziehung und die damit verknüpfte emotionale Verbundenheit einer zunehmend instrumentellen Partnerschaft, in welcher der kommunikative Austausch des Paares reduziert und anstatt dessen Alltagsaktivitäten oder auch die Versorgung des Kindes fokussiert werden (vgl. Rost/Schneider 1995, S. 182). Veränderungen im emotionalen Bereich entstehen mitunter daraus, dass sich die Frau nun nicht mehr uneingeschränkt dem Mann zuwenden kann, da sich mit dem Kind, die Familie um eine Person erweitert hat, welches von nun an einen Großteil der Zuwendung der Mutter erfordert (vgl. Bauer 1992, S. 102). Dieser Umstand ist vor allem bei stillenden Frauen häufig gegeben. Mit der Studie von Bauer (ebd.) konnte verdeutlicht werden, dass die Paare eine Unterbrechung ihrer sexuellen Beziehung bis zu 4 Monate nach der Geburt in Kauf nehmen mussten. Hinzukommend ist festzustellen, dass für das Paar im Alltag mit einem Kind wenig „Qualitätszeit" bleibt, die ausschließlich für die Beziehungspflege verwendet werden kann. Als ursächlich dafür wird die Zeit und Energie angesehen, die für die Betreuung und Versorgung des Kindes reserviert ist und das partnerschaftliche Zeitkontingent somit deutlich reduziert (Graf 2002, S. 60). Wie die Daten der Untersuchung von El-Giamal (1999, S.) allerdings aufzeigen, verbringen die Partner nicht unbedingt weniger Zeit miteinander, sondern nehmen sich weniger Zeit für die Aufrechterhaltung der Partnerschaftsqualität wie beispielsweise durch gemeinsame Gespräche oder Zärtlichkeiten.

3.1.3 Freizeitgestaltung, soziale Kontakte und Herkunftsfamilie

Auch das Freizeitverhalten der Eltern bleibt mit dem Eintreten in die Familienphase nicht unberührt. Im Zuge der Familienphase kommt es vermehrt zu einer „Verhäuslichung" und „Familialisierung" der Freizeit (Rost/Schneider 1995, S. 183). Dies bedeutet, dass in den meisten Fällen eine Verringerung außerhäuslicher Tätigkeiten, sowie eine Freizeitgestaltung erfolgt, die die kindlichen Bedürfnisse fokussiert und in welcher alle Familienmitglieder einen Großteil ihrer Freizeit miteinander verbringen (vgl. Rost/Schneider 1995, S. 183f.).

Die Einschränkungen hinsichtlich außerhäuslicher Arrangements - darunter fallen beispielsweise Kinobesuche, Treffen mit Freunden oder sportliche Aktivitäten - sind bei den Müttern im Durchschnitt stärker ausgeprägt, als bei den Vätern. Dies ist vor allem bei stillenden Müttern der Fall, die durch die primäre Bedürfnisbefriedigung des Kindes stark eingeschränkt sind und ihre Abwesenheit dementsprechend nur mit vorherigem organisatorischem Mehraufwand möglich ist (vgl. Fthenakis 2002, S. 64).

Nach den Ergebnissen von Bauer (1992, S. 105) kommt es neben den Veränderungen hinsichtlich der Freizeitgestaltung, auch zu einer Umgestaltung der sozialen Kontakte. Diese Umgestaltung besteht jedoch weniger aus der Verringerung der bisherigen Kontakte, sondern vielmehr in einer Veränderung der Zusammensetzung.

Rost und Schneider (1994, S. 46ff.) untermauern, dass infolge des Übergangs zur Elternschaft, bisherige Mitglieder des sozialen Netzwerkes, wie beispielsweise Singles oder kinderlose Paare, zunehmend an Bedeutung verlieren, während vermehrt ein intensiver Kontakt zum Verwandtschaftssystem und zu anderen Paaren mit Kindern aufgebaut wird. Die Ursache für die vermehrte Kontaktaufnahme zu der Herkunftsfamilie besteht darin, dass die Großeltern eine wichtige Unterstützungs- und Betreuungsfunktion für das Kind erfüllen. Eltern wünschen sich oftmals praktische Hilfe bei der Bewältigung alltagsstruktureller Aufgaben. „Aufgrund ihrer oftmals angespannten finanziellen Situation sind junge Eltern häufig darauf angewiesen, Ausstattungsgegenständen für das Kind von befreundeten Eltern auszuleihen oder finanzielle Unterstützung von Verwandten zu erhalten. In Umbruchsituationen wie dem Übergang zur Elternschaft benötigen Individuen zudem in gesteigertem Maße emotionalen Rückhalt und Unterstützung" (Fthenakis et al. 2002, S. 65). Erstaunlich ist, dass die Intensivierung der Kontakte zur Herkunftsfamilie vornehmlich über die Mutter-Kind-Beziehung erfolgt

(Rost/Schneider 1994, S. 48). Darüber hinaus ist zu erwähnen, dass sich mit der Familienwerdung auch die Beziehung der Partner zu der jeweiligen Herkunftsfamilie verändert, was unter Umständen auch ein Wiederaufleben ungelöster Konflikte mit sich bringt, da sich im weiteren Verlauf der Elternschaft auch mit der eigenen Kindheit auseinandergesetzt wird. Außerdem werden die eigenen Eltern zu Großeltern und müssen sich auch erst einmal in ihrer neuen Rolle einfinden (vgl. Seiffge-Krenke 2009, S. 167). Der Übergang zur Elternschaft bewirkt also eine Intensivierung der Beziehung zu der Herkunftsfamilie, da die Großeltern hinsichtlich der Betreuung der Kinder von sehr großer Bedeutung sind (vgl. Sierwald 1999, S. 371).

Hinsichtlich der Kontaktdichte zu anderen Eltern ist allerdings anzumerken, dass diese nur teilweise als Auswirkung der Elternschaft betrachtet werden können. Vielmehr kommt ein genereller Alterseffekt zu tragen, da der Anteil von Paaren mit Kindern im Laufe der Zeit automatisch zunimmt (vgl. Fthenakis et al. 2002, S. 64). Prinzipiell gesehen kann die Einbettung der Familie in ein soziales Netzwerk als sehr relevant angesehen werden. Dieses stellt vor allem in belastenden Lebenssituationen eine wichtige Ressource dar und trägt wesentlich dazu bei, wie die Anforderungen und neuen Aufgaben, die mit der Geburt des Kindes verbunden sind, gemeistert werden. Letzten Endes entscheidet aber nicht die Zusammensetzung oder Häufigkeit der Kontakte darüber, ob der Übergang zur Elternschaft erfolgreich bewältigt werden kann, sondern vielmehr die Qualität dieser Beziehungen zu anderen Personen (vgl. Ettrich & Ettrich 1995, S. 32ff.). Für eine erfolgreiche Bewältigung des Übergangs zur Elternschaft wird der Partner als wichtigste Quelle der Unterstützung angesehen, erst an zweiter Stelle folgt die Herkunftsfamilie und im Anschluss daran Freunde und Bekannte (vgl. ebd.).

Die Tatsache, dass sich der Ablauf der Alltagsroutinen nach den Bedürfnissen des Säuglings beziehungsweise Kleinkindes richtet und dadurch nicht nur weniger gemeinsame Zeit als Paar bleibt, sondern auch weniger Kraft und Muße, bietet zusätzliches Konfliktpotential für die elterliche Zweierbeziehung (vgl. Gloger-Tippelt 1999, S. 348f.). Gleichzeitig sollte aber darauf hingewiesen werden, dass Frauen, die ein geringes Zeitkontingent für sich persönlich haben, auf Tätigkeiten verzichten, die zu einem Anstieg ihres Wohlbefindens führen könnten und zeigen darüber hinaus wenig Bereitschaft, ihren eigenen schlechten Befindlichkeiten entgegenzuwirken (Olbrich & Brüderl 1995, S. 420).

3.1.4 Abnahme der Partnerschaftszufriedenheit

Ein sehr häufig untersuchter Forschungsgegenstand bezüglich der vorliegenden Thematik ist das Merkmal der Partnerschaftszufriedenheit. Allgemein formuliert wird mit der Familiengründung im Durchschnitt eine Verschlechterung der elterlichen Paarbeziehung erwartet (vgl. Reichle 1999, S. 13).

Insgesamt gesehen ist die Elternschaft mit neuen Anforderungen und tiefgreifenden Veränderungen für die Partnerschaft verbunden. Die Energie und vollkommene Aufmerksamkeit, die bedingt sind durch die Pflege und Betreuung des Kindes, geht vorwiegend zu Lasten der Zweierbeziehung. Hinsichtlich dieser Aspekte sind Paare mit kleinen Kindern weniger zufrieden mit ihrer Partnerschaft als gleichaltrige, kinderlose Paare. Überdies zeigt sich ebenfalls eine Reduktion der Beziehungsqualität im Zuge der Elternschaft (vgl. Jungbauer 2009, S. 37).

Wenn die Forschungslage von amerikanischen und europäischen Untersuchungen zu dieser Thematik betrachtet wird, so zeigt sich immer wieder, dass der Übergang zur Elternschaft mit einer Abnahme der Ehezufriedenheit verbunden ist. Dies wird insbesondere dadurch verdeutlicht, dass sich im Laufe der Elternschaft liebevolle Gefühle gegenüber der Partnerin beziehungsweise dem Partner reduzieren und konfliktinduzierte Situationen zunehmen (vgl. Belsky 1991, S. 149). „Ursächlich werden dafür meist verschiedene Faktoren verantwortlich gemacht, die sich in der Summe negativ auf die Qualität der Partnerbeziehung und das persönliche Wohlbefinden auswirken, z.B. Rückgang der sexuellen Aktivität und Attraktivität (der Frau), Schwierigkeiten bei der Anpassung an die Elternrolle und an den veränderten und von den Bedürfnissen des Kindes diktierten Tagesablauf, Einschränkungen der persönlichen Handlungsspielräume und Freizeitinteressen, die als belastend empfunden werden, etc." (Vaskovics/Hofmann/Rost 1996, S. 70). Laut Reichle nimmt die Partnerschaftsqualität vorzugsweise dann ab, wenn bestimmte Erwartungsverletzungen eintreten. Das bedeutet, dass Planungen oder Vorstellungen, die das Paar vor der Geburt getroffen haben, sich nicht erfüllen oder realisieren lassen. Das ist beispielsweise dann der Fall, wenn sich der Vater weniger bei der Erziehung des Kindes engagiert als zuvor geplant war (Reichle 1994, S. 55). Auch ökonomische Aspekte, wie beispielsweise ein niedrigeres Familieneinkommen, können als Ursache für eine verminderte Partnerschaftszufriedenheit angesehen werden (Reichle 2002, S. 85). Darüber hinaus zeigen die Ergebnisse einer Untersuchung von Schneewind und Sierwald (1999, S. 155), dass eine geringe Beziehungskompetenz, welche aus einer geringen allgemeinen sozialen Kompetenz, einem geringen Maß an Einfühlungsvermögen und einer hohen

Verletzbarkeit besteht, als äußerst risikoreich für die Partnerschaftsqualität angesehen werden können. Als ein weiterer wesentlicher Faktor für die Reduktion der Partnerschaftsunzufriedenheit hat sich ebenfalls der gravierende Rückgang von Zärtlichkeiten herausgestellt (Jurgan et al. 1999, S. 48). Diese Veränderungen bestehen allerdings nicht nur in der ersten Zeit nach der Geburt, sondern auch noch fünf Jahre nach dem Geburtsereignis. Überdies zeigt die Trierer Längsschnittstudie auf, dass, wenn die Einschränkungen, die aus den Aufgabenveränderungen resultieren, als ungerecht empfunden werden, diesbezüglich Emotionen wie Ärger, Enttäuschung und Empörung entstehen und sich daraus Schuldzuschreibungen an den Partner entwickeln, so hat dies unmittelbar negative Folgen auf die Partnerschaftsqualität (vgl. Reichle 2002, S. 84ff.).

Überspitzt formuliert ist es aber nicht das Ereignis der Elternschaft an sich, welches zu Schwierigkeiten führt und problembehaftet ist, sondern eher die daraus resultierenden Anforderungen an das Paar (vgl. Reichle/Montada 1994, S. 206/207). „Insofern ist es nicht die normative u/o nicht normative Übergangssituation als solche, die den Konflikt hervorbringt, sondern die sich manifestierenden inneren und zwischenmenschlichen Diskrepanzen, die fehlenden Abstimmungen und letztlich der Umgang mit der durch den Übergang entstandenen veränderten Lebensumstände" (Römer-Wolf/Theilmann-Braun 2003, S. 97).

Oftmals wird nun aber auch eingewendet, dass die Abnahme der Partnerschaftszufriedenheit nicht einheitlich mit der Ankunft des Kindes zusammenhängt, sondern dass Beziehungen generell nach einer bestimmten Zeit einen gewissen Erosionseffekt aufweisen. In diesem Zusammenhang gibt die Studie von Rost und Schneider Auskunft darüber, inwieweit die Veränderungen der Ehezufriedenheit als Effekt des Übergangs zur Elternschaft angesehen werden können und ob diese Effekte auch unabhängig von diesem Ereignis auftreten und somit als generelle Erosion der Partnerschaft anzuführen sind. Dazu wurde die Partnerschaftszufriedenheit kinderloser Paare und Eltern miteinander verglichen. Bemerkenswert ist, dass nach vier Ehejahren ein genereller Rückgang der Ehezufriedenheit feststellbar ist, dies gilt gleichermaßen für Eltern und Kinderlose (vgl. Rost/Schneider 1994, S. 44). „Hier handelt es sich offensichtlich um einen unabhängig vom Übergang zur Elternschaft wirkenden Verlaufseffekt" (Rost/Schneider 1994, S. 44). Auch in der Münchener Verbundstudie von Vaskovics, Hofmann und Rost (1996, S. 71) werden ähnliche Befunde rezipiert. Hier wurde die Veränderung der Ehezufriedenheit von Kinderlosen und Eltern nach sechs Ehejahren miteinander verglichen. Und auch hier zeigt sich, dass der Rückgang der Ehezufriedenheit nur zu einem kleinen Teil als Wirkung des Übergangs zur Elternschaft erklärt werden kann, da es sich im Wesentlichen um einen allgemeinen Verlaufseffekt der Partnerschaftsentwicklung handelt. Dies stützt die These, dass der Rückgang der Partnerschaftszufriedenheit mit der Dauer der Beziehung und nicht mit der Ankunft eines Kindes verbunden ist (vgl. Olbrich & Brüderl 1995, S. 418). Der Rückgang kann allerdings nicht nur auf einen generellen „Ehedauereffekt" der Partnerschaftsentwicklung zurückgeführt werden, da kinderlose Paare mit gleicher Beziehungsdauer durchschnittlich eine bessere Beziehungsqualität aufwiesen als Eltern. Somit verdeutlichen die zuvor erwähnten Studien, dass Partnerschaften zwar gewisse Verlaufseffekte aufweisen, die mit der Beziehungsdauer zusammenhängen, dass die Verschlechterung der Partnerschaftsqualität durch die Geburt des ersten Kindes allerdings beschleunigt wird.

Auch hinsichtlich der Frage, ob nun Frauen oder Männer das Ausmaß der Partnerschaftsunzufriedenheit stärker empfinden, liegt eine eher widersprüchliche Forschungslage vor. Zahlreiche Untersuchungen zeigen hinsichtlich der Partnerschaftszufriedenheit negative Auswirkungen für die Mütter, wesentlich weniger Forschungsarbeiten belegen höhere Qualitätseinbußen für die Väter. Und bei anderen Studien wiederum sind keine geschlechtsspezifischen Effekte zu verzeichnen (vgl. El-Giamal 1999, S. 14). Dennoch sollte durchaus erwähnt werden, dass sehr wohl geschlechtsspezifische Unterschiede vorhanden sind und zwar bezogen darauf, in welchen Segmenten der Partnerschaft letztendlich die höchsten Einbußen vollzogen werden. Für die Väter stellen insbesondere der erlebte Rückgang der sexuellen Interaktion mit der Partnerin sowie die Verminderung der partnerschaftlichen Zuwendung die größten Faktoren der Partnerschaftsunzufriedenheit dar (vgl. Bauer 1992, S. 105). Die Frauen hingegen bemängeln vornehmlich die Einschränkungen der partnerschaftsbezogenen Bedürfnisse (vgl. Reichle 1994, S. 57).

Die Einbußen in der Partnerschaftsqualität sind aber keineswegs von kurzfristiger Dauer, die alsbald bewältigt werden können, so wie es die Begrifflichkeit ‚Übergang zur Elternschaft' zunächst vermuten lässt. Mehrere Studien, die die Entwicklung von Paarbeziehungen nach der Ankunft des Kindes über einen längeren Zeitraum aktiv mitverfolgt haben, weisen in ihren Untersuchungen eine kontinuierliche Abnahme der Partnerschaftsqualität auch noch Jahre nach der Geburt auf (vgl. Jurgan et al. 1999, S. 47). El-Giamal (1999, S. 13) macht jedoch darauf aufmerksam, dass Paare, die eine Verschlechterung ihrer Beziehungsqualität beim Übergang zur Elternschaft erlebt haben, noch jenseits der Werte ‚unglücklich' beziehungsweise ‚therapiebedürftig' liegen. Insgesamt gesehen bedeutet das aber nicht, dass ein Kind automatisch Partnerschaften oder Ehen zerstört. „Denn die Veränderungen, die in einer Reihe von Längsschnittstudien festgestellt wurden, waren insgesamt eher bescheiden als gravierend, und ähnliche Veränderungen sind auch bei Paaren beobachtbar, die keine Kinder bekommen. Offenbar werden durch die Elternschaft Veränderungen in der Partnerschaft nur beschleunigt und deutlicher gemacht, die unabhängig vom ersten Kind ohnehin eintreten würden" (Belsky 1991, S. 149).

Die nachfolgende Tabelle betrachtet die Verschlechterung der Partnerschaft aus einem retrospektiven Blickwinkel. Die dazugehörige psychologische Längsschnittuntersuchung wurde von der bereits zitierten LBS-Familienstudie erhoben.

	Mütter			Väter		
	abgen.	gleich	zugen.	abgen.	gleich	zugen.
Zeit füreinander	93	2	5	91	8	1
Möglichkeiten zur gemeinsamen Erholung	91	6	3	94	6	0
Zärtlichkeit	73	18	9	63	29	9
Abwechslung durch den Partner	72	22	6	56	34	10
Sexuelle Freude aneinander	62	26	12	55	34	11
Aufmerksamkeit und Zuwendung des P.	58	33	9	66	28	6
Hilfe und Unterstützung vom Partner	31	34	35	18	60	22
Eifersucht des Partners	7	85	8	5	90	5
Versöhnungsbereitschaft des Partners	10	64	26	16	68	16
Übereinstimmung in Gedanken und Gefühlen	19	52	29	23	46	31
Eintönigkeit und Langeweile	17	49	34	25	40	35
Streit und Auseinandersetzungen	11	54	36	11	51	38
Unfreiheit und Einschränkungen	22	40	38	16	26	58
Missstimmungen und Spannungen	9	45	46	14	39	47
Lachen, Spaß, Fröhlichkeit	28	22	50	34	30	36

Abbildung 3 Wahrgenommene Veränderungen in der Partnerschaft bei Ersteltern 34 Monate nach der Geburt (Angaben in Prozent), Quelle: Fthenakis et al. 2002, S. 90.

Während Ersteltern in den ersten drei Monaten nach der Geburt eher wenige Einbußen hinsichtlich der Paarbeziehung verzeichnen, fallen diese jedoch mit zunehmender Dauer der Elternschaft höher aus. 34 Monate nach der Geburt bemängeln sowohl Mütter als auch Väter mit über 90 Prozent der Befragten, dass sich die Zeit füreinander, sowie die Möglichkeiten zur gemeinsamen Erholung reduziert haben. In diesem Zusammenhang erleben mit über 60 Prozent der befragten Ersteltern eine Abnahme von Zärtlichkeit und mehr als jedes zweite Paar ist mit der sexuellen Beziehung unzufrieden. Ein ähnlicher Prozentsatz der Befragten führt an, dass ihnen ihre Partnerin beziehungsweise ihr Partner weniger Aufmerksamkeit und Zuwendung entgegenbringt. Überdies erfahren ungefähr die

Hälfte der Eltern zunehmende Missstimmungen und Spannungen in der Zweierbeziehung, sowie mehr als ein Drittel verzeichnet eine Zunahme von Konfliktsituationen. Ein bemerkenswerter Befund liegt darin, dass mit 58 % deutlich mehr Väter als Mütter (38 %) eine Zunahme an Unfreiheit und Einschränkungen im Zuge der Familienwerdung registrieren.

Diese Ergebnisse untermauern die Tragweite dieses Lebensereignisses und zeigen deutlich auf, dass der Übergang zur Elternschaft von interindividuellen Differenzen geprägt ist und die damit einhergehenden Verschlechterungen keineswegs auf jede Partnerschaft übertragbar sind. Oftmals wird nur ungenügend berücksichtigt, dass die Paare ein sehr unterschiedliches Verhaltensrepertoire aufweisen und diese jeweils unterschiedlich auf die Ankunft des Kindes oder auf die Bewältigung der neuen Anforderungen reagieren können (vgl. Belsky 1991, S. 149). Somit existieren sicherlich auch Partnerschaftsbeziehungen, die sich sogar verbessern, sobald die Geburt des Kindes erfolgt. „Das Ausmaß der Veränderung der individuellen Befindlichkeiten und der Partnerschaftsqualität stellt einen Indikator dafür dar, wie gut den Eltern die individuelle Anpassung an die neue Situation und die gemeinsame Bewältigung der mit der Elternschaft verbundenen Veränderungen und Herausforderungen gelingt" (Fthenakis et al. 2002, S. 90).

3.1.5 Unterschiede im Übergangserleben von Frauen und Männern

Die aufgeführten Ergebnisse zahlreicher Untersuchungen haben teilweise signifikant verdeutlicht, dass die Verarbeitung und das Erleben des Übergangs zur Elternschaft von Müttern und Vätern unterschiedlich wahrgenommen werden. Cowan und Cowan (1994, S. 109) heben in diesem Zusammenhang hervor, dass die Eltern schon bald nach der Ankunft des Kindes feststellen werden, „dass sie eine Reise, von der sie meinten, sie würden sie gemeinsam machen, nach unterschiedlichen Zeitplänen und auf unterschiedlichen Routen zurücklegen".

Frauen nehmen den Übergang zur Elternschaft gefühlsmäßig anders wahr, weil sie unmittelbar daran beteiligt sind. Das Erleben der Schwangerschaft hängt von zahlreichen Einflussfaktoren ab. So können bei den Frauen nach der Geburt psychiatrische Erkrankungen auftreten, wobei leichte depressive Stimmungen wie beispielsweise Weinerlichkeit und Niedergeschlagenheit häufiger beobachtbar sind. Belastungen für die Frauen ergeben sich vor allem durch mangelnden Schlaf, soziale Isolation, Verlust der Berufstätigkeit und das damit einhergehende Angebundensein an das Haus, Angst bezüglich der eigenen Attraktivität, Unzufriedenheit mit der sexuellen Situation sowie mangelnde Aufmerksamkeit des Partners (vgl. Papastefanou/Hofer 2002, S. 173).

Dies zeigt sich insbesondere darin, dass Väter in der Regel beruflich aktiv bleiben, während die Mütter ihr berufliches Engagement fast vollständig zugunsten der Mutterrolle aufgeben oder zumindest teilweise einschränken. Bedingt dadurch, dass die Frauen die Hauptverantwortung für die anfallenden Haushaltsaufgaben und für die Kinderversorgung tragen, ist es nicht sehr verwunderlich, dass diese mit der Rollenverteilung unzufriedener sind als ihre Partner. Dennoch ist die Forschungslage derzeit noch nicht konsistent. Während zahlreiche Untersuchungen keine geschlechtsspezifischen Unterschiede im Erleben finden, weisen andere Ergebnisse sogar darauf hin, dass eine deutlichere Abnahme der Ehezufriedenheit bei Vätern vorliegt. Dabei muss aber auch beachtet werden, dass sich nur eine sehr geringe Anzahl an Forschungsarbeiten explizit mit der Situation von zukünftigen Vätern befasst.

Insgesamt gesehen kann aber von der Annahme ausgegangen werden, dass der Übergang zur Elternschaft einen stärkeren Einfluss auf die Frauen nimmt. Diese müssen in der Regel eine völlige Umstrukturierung ihrer bisherigen Lebensweise in einem höheren Ausmaß vornehmen. Rost und Schneider (1995, S. 177) tragen diesem Umstand mit der Bezeichnung „differentielle Elternschaft" Rechnung. „Die Geburt des ersten Kindes wird häufig zum Anlass für eine Neuverteilung der Zuständigkeiten zwischen den Partnern genommen, die typischerweise den traditionellen Mustern entspricht. Der Mann ist für die Sicherung des Lebensunterhaltes zuständig, die Frau bleibt zuhause und verdient in den ersten Jahren allenfalls etwas Geld hinzu. Elternschaft bedeutet somit in erster Linie für die Frau eine einschneidende Veränderung ihres Alltags und ihrer aktuellen beruflichen Situation sowie eine Einschränkung ihrer zukünftigen Optionen" (Fthenakis et al. 2002, S. 71).

3.2 Transaktionale Prozesse im Familiensystem

In den vorherigen Abschnitten wurden die zahlreichen Veränderungen im Übergang zur Elternschaft, die nicht nur die äußere Lebenssituation, sondern vordergründig auch die partnerschaftliche Ebene betreffen, explizit beschrieben und dargestellt. Es wurde aufgezeigt, dass im Durchschnitt eine Abnahme der Partnerschaft im Laufe der Familiengründung zu erwarten ist.

Die elterliche Beziehung, die das Fundament des gesamten Familiensystems bildet und maßgeblich für das Funktionieren der Familie verantwortlich ist, wirkt entscheidend auf die Eltern-Kind-Beziehung sowie auf die Entwicklung des Kindes ein. Zwistigkeiten zwischen den Eltern beeinträchtigen sowohl die kindliche Entwicklung als auch das elterliche Erziehungsverhalten. Existent ist aber auch die umgekehrte Kausalrichtung, in welcher das Kind die Paarbeziehung der Eltern negativ beeinflussen kann. Die verschiedenen Wirkungsweisen werden nun im Folgenden ausführlich zusammengetragen.

3.2.1 Die Bedeutung der elterlichen Paarbeziehung in Bezug auf die kindliche Entwicklung und auf das Erziehungsverhalten

Essentiell für die Entwicklung des Kindes ist, wie die Eltern mit Problemen oder konfliktträchtigen Situationen umgehen. Dementsprechend ist ein harmonisches Klima in der Familie als eine wesentliche Grundlage für die gesunde Entwicklung der Kinder zu erachten (vgl. Zemp/Bodenmann 2015, S. 1).

Im Kontrast dazu zeichnen sich qualitativ niedrige Paarbeziehungen vornehmlich durch destruktive und eskalierende Paarkonflikte aus, die als ursächlich für erhebliche kurz- und langfristige Auswirkungen auf die kindliche Entwicklung angesehen werden. Somit gilt es als gesicherter Befund in der Forschungslandschaft, dass sich unproduktive elterliche Konflikte, dysfunktionales Streitverhalten, Unzufriedenheit mit dem Partner, oder aber auch das Erleben von Ärger, Stress und Belastungen direkt auf die Entwicklung des Kindes auswirken (vgl. Gloger-Tippelt 2007, S. 520). Dementsprechend können Konflikte in der Elternbeziehung eine Reihe an Problemen für die Kinder mit sich bringen. Diese reagieren auf vielfältige Art und Weise auf elterliche Zwistigkeiten, nämlich auf der kognitiven, emotionalen, physiologischen sowie auf der Verhaltensebene (vgl. Rhoades 2008, S. 1942-1944). Als erhebliche Folgen können sich beispielsweise Bindungsunsicherheit, stressbezogene Belastungsreaktionen, mangelhafte interpersonale Fertigkeiten, externalisierende Verhaltensauffälligkeiten wie Aggressivität oder Delinquenz, internalisierende Verhaltensprobleme wie Ängstlichkeit und Rückzugsverhalten sowie Konzentrationsschwierigkeiten und schlechtere Schulleistungen manifestieren (vgl. Graf 2002, S. 25).

Auch entgegen der landläufigen Wahrnehmung, dass sehr kleine Kinder von den Streitereien zwischen den Eltern noch nicht viel mitbekommen, haben viele Untersuchungen jedoch darauf hingewiesen, dass auch schon sehr kleine Kinder, auch wenn sie den Inhalt der Auseinandersetzungen nicht verstehen, sehr empfindlich auf den emotionalen Gehalt reagieren (vgl. Cummings/Davies 1994, S. 58f.). So kann also letztlich davon ausgegangen werden, dass nicht eine bestimmte Altersstufe entscheidend ist, sondern dass sich die aus den Konflikten resultierenden Folgen in jeder Alter anders manifestieren (vgl. Graf 2002, S. 34).

Auch die These, dass Jungen auf Elternkonflikte belasteter reagieren als Mädchen, kann heutzutage von der Erkenntnis ersetzt werden, dass eher geschlechtsspezifische Differenzen in der jeweiligen Ausdrucksweise vorhanden sind. Während Mädchen vorzugsweise ängstlich und besorgt reagieren, zeigen Jungen ein eher aggressives Verhalten (vgl. Cummings/Davies 1994, S. 59ff.).

Eine Extremform destruktiver Paarkonflikte ist dann gegeben, wenn die Partner aggressiv oder sogar gewalttätig werden, indem sie beispielsweise Stoßen, mit Gegenständen werfen oder handgreiflich werden (vgl. Zemp/Bodenmann 2015, S. 3f.). Laut einer Statistik aus dem Jahre 2004 erfährt in Deutschland nahezu jede vierte Frau körperliche Gewalt in der Paarbeziehung (Bundesministerium 2004, S.29). Die negativen Auswirkungen für die Kinder sind in dieser Situation gravierend. Einige Befunde weisen darauf hin, dass zwischen 40 und 50 Prozent derjenigen Kinder, die gewalttätige Handlungen zwischen ihren Eltern miterleben müssen, extreme Verhaltensprobleme aufweisen (vgl. Cummings/Davies 2010, S. 10). „Das Miterleben von destruktiven Konflikten zwischen den Eltern zählt zu den drei belastendsten Stressfaktoren im Alltag eines Kindes; streitende Eltern werden zum Ursprung von Bedrohung und Verängstigung für das Kind anstatt einer Quelle von Sicherheit und Trost" (Zemp/Bodenmann 2015, S. 35).

Und auch wenn es denkbar ist, dass die Präsenz von Kindern Eltern dazu motiviert, Konflikte nicht eskalieren zu lassen (vgl. Jurgan et al. 1999, S. 49), so ist es doch als wahrscheinlicher anzusehen, dass in einer Ehebeziehung, die durch extreme Feindseligkeit und Aggressivität bestimmt ist, der Umgang mit dem Kind oder mit den Kindern auch durch ein gewisses Maß an Aggressivität bestimmt sein wird (vgl. Petzold 1992, S. 89). Wenn Eltern ihre Kinder für die Partnerschaftskonflikte verantwortlich machen oder diese in Streitfällen in einem gravierenden Ausmaß mit einbeziehen, so können daraus unter Umständen auch Kindesmisshandlungen resultieren (vgl. Sierwald 1999, S. 379).

Hinzukommend ist zu deklarieren, dass die Eltern auch als Vorbilder und Lernmodelle für ihre Kinder fungieren, und zwar sowohl im positiven, als auch im negativen Sinn. Tragen die Eltern ihre Zwistigkeiten sehr unversöhnlich aus, so ist die Wahrscheinlichkeit relativ groß, dass die Kinder dieses Interaktionsverhalten in ihr eigenes Verhaltensrepertoire integrieren. Im Kontrast dazu können Kinder aber auch aus elterlichen Auseinandersetzungen profitieren, insbesondere dann, wenn die Eltern liebevoll miteinander umgehen und eine konstruktive Problemlösung anstreben (vgl. Graf 2002, S. 7).

Probleme zwischen den Eltern werden allerdings nicht immer offen ausgetragen, sondern können auch „verdeckt" werden, indem einerseits die Sorge um das kranke Kind oder auch das schwierige Temperament des Kindes als dominierende Partnerschaftsthemen vorgeschoben werden. Auf der anderen Seite kann das Kind aber auch als Partnerschaftsersatz angesehen werden - insbesondere dann, wenn der Vater nicht oft zu Hause präsent ist - und auf diese Weise in eine Rolle gedrängt werden, die eine Überforderung bewirkt. Aus diesen Familienstrukturen können Kinder psychosomatische Krankheiten wie beispielsweise Magersucht oder Asthma ausbilden (vgl. Sierwald 1999, S. 378).

Auch die oftmals aus dauerhaften Paarkonflikten resultierende Scheidung der Eltern gilt als Bedrohung für die kindliche Entwicklung und zählt somit zu den häufigsten Prädiktoren für die Ausbildung psychischer Störungen bei Kindern und Jugendlichen. Die Trennung der Eltern bedeutet für die Kinder den Verlust einer intakten Familie mit Mutter und Vater und ist somit in der Regel als ein schmerzvoller und tiefer Einschnitt anzusehen (vgl. Bodenmann/Zemp 2015, S. 11ff.). So wurden in Deutschland im Jahre 2016 rund 162400 Ehen geschieden, von denen insgesamt 132000 minderjährige Kinder betroffen waren (vgl. Statistisches Bundesamt 2016, o. S.). Die damit zusammenhängenden Langzeitfolgen auf das kindliche Wohlbefinden werden vor allem von dem Ausmaß der Konflikte bestimmt, die vor der Scheidung verzeichnet wurden (vgl. Amato et al. 1995, S. 897f.).

Hinzukommend ist anzuführen, dass ungenügende Problemlösungsfertigkeiten der Eltern auch auf die Kinder übertragen werden, da sie sowohl im positiven als auch im negativen Sinne als Lernmodelle fungieren. In diesem Hinblick ist es nicht verwunderlich, dass die Eltern, die untereinander keine Probleme angehen und bewältigen, hinsichtlich ihrer Kinder ebenfalls keine kompetenten Konfliktlösungsmuster entwickeln, welche für alle Beteiligten gute Entfaltungsmöglichkeiten bietet (vgl. Sierwald 1999, S. 375f.).

Im Kontrast dazu führt Fthenakis aber an, dass bis heute nicht abschließend geklärt ist, ob eine unglückliche Partnerschaft der Eltern generell als Risikofaktor angesehen werden kann, oder ob vielmehr chronische Konflikte und ein eskalierendes Streitverhalten für diese erheblichen Konsequenzen verantwortlich sind.

Die Ergebnisse seiner Untersuchung deuten nämlich eher darauf hin, dass nicht nur ein hohes Konfliktniveau problematisch ist, sondern darüber hinaus eine mangelnde partnerschaftliche Kommunikation zu destruktiven Verläufen hinsichtlich der sozialen Entwicklung des Kindes führt (vgl. Fthenakis et al. 2002, S. 290).

Diese oben erwähnten Aspekte bedeuten in der Konsequenz aber nicht, dass sich die Eltern nicht mehr streiten dürfen. Elterliche Auseinandersetzungen, Konflikte und ungelöste Probleme kommen in nahezu jeder Partnerschaft vor und gehören auch zum Lebensalltag dazu. Wesentlich ist aber, diese Problembereiche früh genug zu erkennen und unmittelbar anzugehen, was insbesondere durch einen offenen und wertschätzenden Kommunikationsstil der Eltern ermöglicht werden kann. Und auch wenn Konflikte nicht direkt positiv gelöst werden können, so ist es äußerst wichtig, dass die Kinder nicht in Mitleidenschaft gezogen werden, damit sowohl psychische Belastungen auf Seiten der Eltern und negative Auswirkungen hinsichtlich der Entwicklung des Kindes vermieden werden können (vgl. Sierwald 1999, S. 378f.).

Viele Autoren gehen davon aus, dass die Paarbeziehung der Eltern die Kinder aber nicht nur direkt beeinflusst, sondern auch indirekt, vermittelt über das jeweilige Erziehungsverhalten beziehungsweise über die Eltern-Kind-Beziehung. Dabei werden insgesamt zwei Prozesse in der Forschungsliteratur unterschieden. Einerseits können sich Konflikte zwischen den Eltern negativ auf das Erziehungsverhalten auswirken (negativer Spillover), während Eltern, die sich in einer glücklichen Paarbeziehung befinden, ihre Elternrolle zufriedenstellend erfüllen können (positiver Spillover). Andererseits ist anzumerken, dass Eltern versuchen, die Kinder von Zwistigkeiten weitgehend fernzuhalten und eventuelle nachteilige Auswirkungen wieder auszugleichen (kindzentrierter Ausgleich) beziehungsweise wenden sich dem Kind auf eine Weise zu, was in der Partnerschaft vermisst wird (elterliches Eigeninteresse) (vgl. Graf 2002, S. 7ff.).

In diesem Zuge ist anzumerken, dass Partnerschaftsprobleme die elterlichen Ressourcen ausschöpfen, die jedoch dringend notwendig sind, um auf das Kind entsprechend eingehen zu können. „Denn Paarkonflikte prädisponieren zu ungünstigen oder inkonsistenten Erziehungsstrategien und drohen die elterliche Sensitivität zu unterminimieren" (Zemp/ Bodenmann 2015, S. 36). Dies hat in der Regel negative Auswirkungen auf die Eltern-Kind-Beziehung. Eltern mit einer glücklichen Paarbeziehung dahingegen können auf die Bedürfnisse ihrer Kinder eingehen und sind emotional verfügbar. Andauernde Zwistigkeiten zwischen den Eltern führen darüber hinaus zu Mängeln in Erziehungsfertigkeiten. Neben diesen affektiven Aspekten sind aber auch elterliche Disziplinierungsaspekte betroffen. In diesem Zusammenhang kommt es sowohl zu widersprüchlichen Erziehungsverhalten eines Elternteils (intraparentaler Inkonsistenz), als auch zu Differenzen im Erziehungsverhalten zwischen den Eltern (interparentaler Inkonsistenz) (vgl. Graf 2002, S. 9). Der negative Umgang mit Partnerschaftsproblemen bewirkt einerseits, dass die Zusammenarbeit zwischen den Eltern nicht mehr gut funktioniert und daraus resultierend können diese mitunter in der Beziehung zum Kind und in ihrem elterlichen Verhalten miteinander rivalisieren. Dies kann zu den Konsequenzen führen, dass sich ein Partner aus der Eltern-Kind-Beziehung zurückzieht oder sogar ausgeschlossen wird oder aber auch zu Abwertungen des elterlichen Verhaltens der Partnerin oder des Partners (vgl. Sierwald 1999, S. 375f.). „Entscheidend ist, dass daraus keine gemeinsame Linie entsteht, sondern das dem Kind ein widersprüchliches, konkurrierendes System gegenübertritt, indem es nie weiß, welche Reaktion es auf sein Verhalten zu erwarten hat. Dies erschwert in der Folge auch den Aufbau eigener konsistenter Verhaltensweisen, es fehlt die grundsätzliche Sicherheit" (ebd., S. 376).

3.2.2 Die Einflüsse des Kindes auf die Eltern

Auch wenn sich viele Untersuchungen entweder mit den Auswirkungen von Kindern auf den Verlauf der Partnerschaft oder - wie in den oben beschriebenen Ausführungen - auf die Effekte der Paarbeziehung auf Kinder beschäftigen, so ist heutzutage generell die Auffassung vertreten, dass die Familie als soziales System mit wechselseitigen Beziehungen zu verstehen ist. In diesem Zusammenhang kann formuliert werden, dass nicht nur Eltern ihre Kinder, sondern auch Kinder ihre Eltern maßgeblich beeinflussen. Die nachstehende Abbildung 4 veranschaulicht dieses Verständnis und berücksichtigt dabei alle denkbaren Einflüsse, die die Ehebeziehung, Erziehung und kindliche Entwicklung in Bezug aufeinander haben können, und zwar auf eine zugleich bidirektionale und zirkuläre Weise (vgl. Graf 2002, S.3).

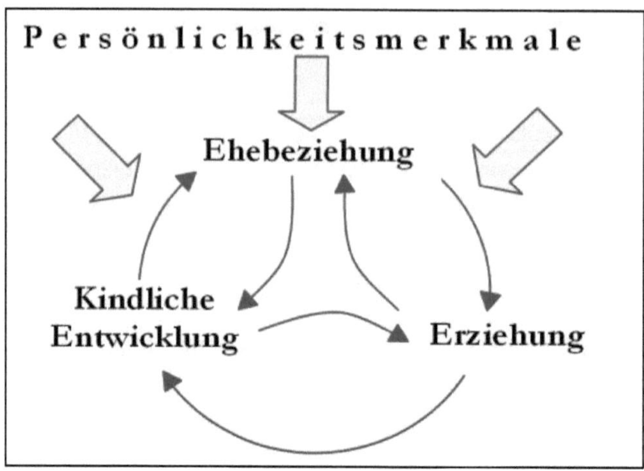

Abbildung 4 Wechselwirkungsprozesse im Familiensystem nach Belsky (1981), Quelle: Belsky 1981, modifiziert Graf (2002), S. 6.

Dementsprechend ist umgekehrt also auch anzumerken, dass die Beziehung der Erwachsenen und auch das Erziehungsverhalten unmittelbar mit kindlichen Einflüssen zusammenhängen. Dabei ist das Temperament beziehungsweise die Persönlichkeit des Kindes von zentraler Bedeutung (vgl. Petzold 2007, S. 7).

Neben den allgemeinen Effekten, die durch den Übergang zur Elternschaft entstehen, stellen auch „schwierige" Kinder eine besondere Belastung und Herausforderung für die Eltern dar.

Vordergründig gewinnt die Frage an Relevanz, welche Merkmale und Verhaltensweisen des Kindes von den Eltern als schwierig empfunden werden und bei ihnen mit einem Unzufriedenheitserleben einhergehen. Die Ergebnisse der LBS-Studie verdeutlichen, dass Frauen vor allem dann frustriert sind, je häufiger das Kind schreit und je schlechter sie es trösten kann. Darüber hinaus gehen auch eine geringe kindliche Anpassung an neue Situationen oder an den generellen Tagesablauf, ein ständiges Verlangen nach Aufmerksamkeit und Zuwendung, Verdauungsprobleme und Schlafschwierigkeiten mit einer deutlichen Beeinträchtigung des Befindens einher (vgl. Fthenakis et al. 2002, S. 274ff.). „Irritierbare Babys frustrieren mit ihren Schwierigkeiten ihre Eltern und lassen diese an ihren Kompetenzen zweifeln. Dies erhöht unter anderem die Gefahr, sich vom Kind emotional zurückzuziehen, was die Probleme des Kindes verstärkt. Solche Zirkel wechselseitiger negativer Verstärkung erhöhen das Risiko für das Entstehen unsichere Bindungsformen und damit längerfristig die Ausbildung von Störungen bei Kindern" (Papastefanou/Hofer 2002, S. 178). Kontextualisiert sollte beachtet werden, dass die Eltern mit fortschreitendem Alter des Kindes mit neuen schwierigen Verhaltensweisen konfrontiert werden können (Fthenakis et al. 2002, S. 274ff.). Schwierige Temperamentsmerkmale des Kindes bewirken, dass die Eltern weniger Freiraum für sich und somit weniger Zeit für partnerschaftliche Interaktionen zur Verfügung haben. So scheint sich also als Muster zu bestätigen, dass die Partnerbeziehung umso mehr belastet wird, je problematischer die Persönlichkeit des Kindes ist (vgl. Petzold 1992, S. 88).

Hinzukommend kann erwähnt werden, dass Kinder heutzutage auch als aktive Gestalter an ihrer eigenen Entwicklung mitwirken und somit auch einen entscheidenden Einfluss hinsichtlich der Qualität sowie Wirksamkeit der elterlichen Erziehungspraktiken ausüben (vgl. Graf 2002, S.13). Einzugehen wäre an dieser Stelle aber nochmal auf die bidirektionalen und zirkulären Einflussfaktoren im familiären Netzwerk, denn das Temperament des Kindes ist nicht nur biologisch bedingt, sondern wird auch wesentlich durch das Verhalten der Bezugspersonen und durch weitere soziale Umweltfaktoren maßgeblich geprägt (vgl. Papastefanou /Hofer 2002, S. 179).

„Ein [...] ungünstiges Familienklima bildet in Interaktion mit problematischen Kindsmerkmalen (z.B. leicht irritierbares Temperament) und bei Fehlen von Schutzfaktoren den Nährboden für psychische Auffälligkeiten der Kinder. Demgegenüber ist ein harmonisches Familienklima nachweislich eine der bedeutungsvollsten Grundlagen für eine gesunde Entwicklung der Kinder" (Zemp/Bodenmann 2015, S. 1, Auslassung v. Jennifer Stiebeling).

4 Bewältigungsstrategien

Wie aus den vorangegangenen Kapiteln bereits hervorgeht, ist mit der Verantwortung für ein Kind nicht nur Glück und Freude verbunden. Vielmehr konnte auch verdeutlicht werden, dass der Familiennachwuchs tiefgreifende Belastungen hervorrufen kann, welche sich insbesondere auf der partnerschaftlichen Ebene als äußerst schwerwiegend und weitreichend auswirken können. Werdende Eltern und Eltern von Kleinkindern können im Übergang zur Elternschaft und auch bei der Bewältigung der damit verbundenen Herausforderungen, vielfältige Unterstützungsangebote und Hilfestellungen beanspruchen. In diesem Abschnitt werden nun zunächst einmal die Bedingungsfaktoren für das Gelingen oder Misslingen dieser Lebensphase fokussiert und anschließend werden die Bewältigungsstrategien beschrieben, die einerseits selbst durch das Paar angewandt werden können und andererseits durch professionelle Konzeptionen erfolgen.

4.1 Schutz- und Risikofaktoren für die Bewältigung des Übergangs zur Elternschaft

Festzuhalten ist, dass nicht alle Paare von den im dritten Abschnitt beschriebenen Veränderungen betroffen sind und diesbezüglich große Differenzen vorherrschen können.

Ob und wie schwerwiegend die Auswirkungen der Anforderungen hinsichtlich der Erstelternschaft letzten Endes sind, hängt von zahlreichen moderierenden Variablen ab. Diesbezüglich werden nun zahlreiche Prädiktoren aufgeführt, die auf das Gelingen beziehungsweise das Misslingen des Übergangs zur Elternschaft einen maßgeblichen Einfluss ausüben.

Nach Rost und Schneider (1994, S. 42) sind vor allem bestimmte soziale, partnerschaftliche und individuelle Faktoren bedeutsam, die die Folgen und Verarbeitung des Übergangs entweder positiv oder negativ gestalten können. Die sozialen Kriterien umfassen dabei die jeweilige Lebenssituation, beziehungsweise die Wohnverhältnisse, die berufliche und ökonomische Situation, die Einbindung in verwandtschaftliche Unterstützungsnetzwerke, sowie das Alter bei der Geburt. Zu den partnerschaftlichen Faktoren zählen vordergründig die Partnerschaftsqualität und die Art der Rollengestaltung innerhalb der Familie, die traditionell oder egalitär verlaufen kann (vgl. Schneider/Rost 1994, S. 42). Im Zusammenhang mit den individuellen Faktoren sind allgemeine Persönlichkeitsmerkmale ausschlaggebend. Die nachfolgende Ausführung betrachtet die elementarsten Einflussfaktoren noch einmal vertiefend.

Eine zentrale Rolle bei der erfolgreichen Bewältigung dieses Lebensereignisses spielt die Herkunftsfamilie, denn in der Familie werden wichtige Lebens- und Lernerfahrungen gemacht (vgl. Schneewind, S. 160). Somit hat die Herkunftsfamilie einen maßgeblichen Einfluss darauf, wie gut oder schlecht ein Paar den Übergang vollziehen kann. „Die Qualität familiärer Beziehungserfahrungen spielt eine bedeutsame Rolle bei der Herausbildung individueller Verhaltensmerkmale und Beziehungskompetenzen. Die eigene Kindheit und die Auseinandersetzung mit der erfahrenen Erziehung prägt entscheidend die individuellen Vorstellungen und Modelle von Partnerschaft und Elternschaft" (Fthenakis 2002, S. 227). Als Beispiel kann hier aufgeführt werden, dass das Aufwachsen in einer konfliktreichen Familie auch eher einen negativen Verlauf der eigenen Partnerschaft begünstigt (vgl. Fthenakis 1998, S. 30). Auch die emotionale Unterstützung durch die Familie in Form von Anerkennung, Rückhalt oder Beratung ist sehr bedeutungsvoll hinsichtlich des erfolgreichen Gelingens der Elternschaft. Dabei stellen insbesondere familiäre Hilfestellungen, wie beispielsweise Unterstützung bei der Kinderbetreuung, bei der Bewältigung alltagsstruktureller Schwierigkeiten oder aber auch bei finanziellen Engpässen, wesentliche Aspekte für den positiven Umgang mit der Elternrolle dar (vgl. Weigelt 2011, S. 8f.)

Darüber hinaus ist zu konstatieren, dass das vorgeburtliche Paarklima grundlegend darüber entscheidet, ob ein Kind zum Stressfaktor wird oder nicht. Vor diesem Hintergrund ist insbesondere zu deklarieren, wodurch sich eine qualitativ hochwertige Paarbeziehung von einer qualitativ niedrigen unterscheidet. Die Qualität einer Partnerschaft wird vor allem durch die partnerschaftliche Kommunikation und durch den Umgang der Partner in Stresssituationen ausgedrückt. Während sich positive Kommunikationsstile stabilisierend auf die Partnerschaft auswirken, ziehen negative Kommunikationsmuster eher eine Verschlechterung der Paarbeziehung nach sich. Außerdem setzen zufriedene Paare bei Belastungen vermehrt dyadische Copingstrategien ein, die bewirken, dass sich die Partner entweder wechselseitig oder gemeinsam um eine Bewältigung bemühen (vgl. Jungbauer 2009, S. 82). Insgesamt gesehen ist das dyadische Coping eine sehr sinnvolle Bewältigungsstrategie, denn „es hat neben einem stressreduzierenden Effekt vor allem positive Auswirkungen auf die Partnerschaftsqualität und -stabilität, indem das Wir-Gefühl des Paares gestärkt wird, das Vertrauen in den Partner zunimmt und die Intimität und emotionale Verbundenheit steigen" (Bodenmann 2003, S. 489). In eine ähnliche Richtung verweist auch von Klitzing, der durch seine Untersuchung festgestellt hat, „daß [sic] es besonders günstig für werdende Eltern ist, wenn ihre Partnerschaft von Offenheit und Durchlässigkeit geprägt ist, wenn der kognitive und emotionale Dialog untereinander ein wichtiger Bestandteil der Beziehung ist, und wenn dies zu einer Angleichung von innerlichen Positionen führt, so daß [sic] die Partnerschaft nicht durch ungeklärte Konflikte und starre komplementäre Positionen geprägt ist" (von Klitzing 1994, S. 58). Wie sehr die Partnerschaft durch dieses Lebensereignis leidet, hängt entscheidend mit spezifischen Ausgangsbedingungen ab, mit denen die Paare ihren Weg in die Elternschaft beginnen. Demnach sind beispielsweise Beziehungskompetenzen und eine glückliche Partnerschaft, die von Zugewandtheit und gesunder Autonomie bestimmt ist, die besten Voraussetzungen für eine erfolgreiche Bewältigung. Ob dieses Lebensereignis nun positiv bewältigt werden kann, hängt auch vornehmlich davon ab, wie gut oder schlecht das Kind in die bestehende Partnerschaft integriert werden kann. Diesbezüglich müssen die Rolle der Mutter und die Rolle des Vaters mit der Rolle des Paares verbunden werden, was wiederum als eine Herausforderung anzusehen ist (vgl. Fthenakis, S. 193/Gloger Tippelt 2007, S. 519). Paare, die eine gefestigte Paarbeziehung aufweisen, bringen also gute Voraussetzungen mit, um die zahlreichen Herausforderungen und Anpassungsleistungen im Zuge der Familiengründung erfolgreich zu meistern. Verfügt die Partnerschaft also über mehrere Ressourcen, so ist es sehr wahrscheinlich, dass die Belastungen abgepuffert werden können (Graf 2002, S. 63). In diesem Kontext verdeutlichen die Befunde von Schneewind (1993), dass ein Kind für die Partnerschaft nur dann zu einem Stressfaktor wird, wenn das emotionale Klima der Partner bereits vorgeburtlich als negativ eingeordnet wird.

Auch Kommunikations- und Problemlösekompetenzen der Partner sind sehr bedeutsam im Hinblick auf eine erfolgreiche Bewältigung dieser schwierigen Lebensphase. Während Paare mit guten Gesprächsfertigkeiten den Übergang sehr gut meistern können, ist eine Verschlechterung der Beziehung bei den Paaren sehr wahrscheinlich, die nur über ungenügende Kommunikationsfertigkeiten verfügen (vgl. Graf 2002, S. 64).

Erwartungsverletzungen beziehungsweise nicht erfüllte Vorstellungen sowie das Erleben von Ungerechtigkeit im Zuge der Elternschaft stellen hingegen besonders risikoreiche Faktoren dar. „Wenn eigene Erwartungen, die man an die Zeit nach der Geburt des ersten Kindes geknüpft hat, enttäuscht werden (z.B. die Aufgabenteilung weit traditioneller ausfällt als vereinbart, die Belastung durch das Neugeborene weit höher ausfällt als erwartet oder das Aufgeben des Berufs oder andere Ziele schmerzlich erlebt werden), wird dies häufig als ungerecht erlebt" (El-Giamal 1999, S. 21) und führt in der Konsequenz zu einer Verschlechterung der Partnerschaftszufriedenheit, was sich wiederum negativ auf die Elternschaft auswirkt. Zusätzlich ist anzuführen, dass eine kurze vorgeburtliche Partnerschaftsdauer sowie weitere zu bewältigende Lebensereignisse wie beispielsweise der Tod eines Familienangehörigen, umfängliche Erwerbstätigkeit verbunden mit einer geringen Unterstützung durch den Partner und wenig Entlastung nach der Geburt des ersten Kindes als weitere Risikofaktoren angeführt werden können (vgl. Reichle 1999, S. 15).

Ob der Übergang zur Elternschaft gelingt oder nicht und wie hoch der Grad an Herausforderungen für die Zweierbeziehung ist, hängt entscheidend auch damit zusammen, wie die jeweiligen Partner zu Elternschaft und Familie eingestellt sind (vgl. Graf 2002, S. 65), ob die Schwangerschaft geplant oder sogar ungewollt war, wie das Paar die Geburt des Kindes erlebt und empfunden hat (vgl. Schneider/Rost 1994, S. 43) und wie hoch das vorgeburtliche Belastungsniveau war (vgl. Reichle/Werneck 1999, S. 13).

Nicht zu vergessen sind ökonomische und soziale Ressourcen der Eltern, die die Anpassung an diese neue Lebenssituation erheblich erleichtern können. In diesem Bezug geht Schneewind (1983, S. 163) davon aus, dass wenig familiengerechte Umweltbedingungen die Wahrscheinlichkeit eines sogenannten „Baby-Schocks" zusätzlich erhöhen können. Ebenso stellen die Absicherung finanzieller Mittel sowie die allgemeine Unterstützung günstige Ausgangsbedingungen dar, die sich insgesamt als förderlich auf die Bewältigung der Belastungsmomente bei der Übernahme der Elternrolle erweisen können (vgl. Papastefanou/Hofer 2002, S. 176f.).

Aber auch kontextuelle Faktoren wie die Bereitstellung von geeigneten Unterstützungsprogrammen und von Interventionsansätzen sowie Institutionen wie Schulen oder Beratungsstellen spielen bei der Bewältigung von Transitionen ebenfalls eine große Rolle (vgl. Fthenakis 1998, S. 30). Insgesamt gesehen können diese Bedingungsfaktoren - die letzten Endes über einen positiven oder negativen Verlauf der Partnerschaftsentwicklung bestimmen - als zentrale Ansatzpunkte für präventive und intervenierende Maßnahmen erachtet werden.

4.2 Möglichkeiten der Partner für die Bewältigung des Übergangs zur Elternschaft

In dieser Passage werden nun die Aspekte aufgezeigt, die die Partner selbst anwenden können, um stressinduzierte Situationen im Übergang zur Elternschaft weitestgehend reduzieren zu können.

Der Übergang zur Elternschaft stellt eine Stresssituation für die Eltern dar, da sich die gewohnte Lebenssituation tiefgreifend verändert. Zu Zwistigkeiten zwischen den Eltern kommt es vor allem dann, wenn eine belastende Situation nicht für beide Partner im gleichen Maße zufriedenstellend gelöst wird. Dies ist beispielsweise dann der Fall, wenn die Frau ihre Rolle als Hausfrau und Mutter als nicht erfüllend ansieht und der Mann aber gleichzeitig nicht bereit ist, weitere Einschränkungen oder Beeinträchtigungen vorzunehmen. In diesem Fall ist der günstige Verlauf der Paarbeziehung stark gefährdet (vgl. Sierwald 1999, S. 373). Für die Bewältigung dieser Stresssituation ist also der Erhalt und der Aufbau einer qualitativ hohen Kommunikationsstruktur, die eine Problemlösung ermöglicht, ein wesentliches und unerlässliches Kriterium, wenn es darum geht, das Konfliktpotential im Übergang zu verringern. In diesem Zusammenhang sollten die Partner daran interessiert sein, Konflikte nicht zu verdrängen oder aufzuschieben, sondern sofort auszuhandeln und zwar in einer respektvollen Atmosphäre. Überdies ist es wichtig, dass nicht bereits vor der Geburt starke Konflikte zwischen den Partnern bestehen, die durch das Kind gelöst werden sollen. Denn ein Kind bereinigt keine Konflikte zwischen den Eltern, sondern verstärkt diese eher. In diesem Zusammenhang sollten auch kurz die Prädiktoren für einen konstruktiven Umgang mit Konflikten beschrieben werden. Ein positiver Konfliktstil zeichnet sich insbesondere aus „durch den Einsatz positiver Kommunikationsverhaltensweisen, aber auch durch neutrale oder wohlwollende Gefühle gegenüber dem Partner, günstige Attributionen bezüglich seines Verhaltens, Kooperationsbereitschaft sowie die Suche nach konstruktiven Lösungen und einem funktionalen Ausgang des Konfliktgesprächs" (Bodenmann 2013, S. 147). Darüber hinaus ist anzumerken, dass eine konstruktive Konfliktkommunikation auch ein sehr relevantes Lernmodell für das Kind oder die Kinder darstellt, da dadurch verdeutlicht wird, dass Konflikte normal sind und zum Alltag dazugehören, aber nicht verdrängt, sondern angegangen und gemeinsam bewältigt werden sollten (vgl. ebd.)

Wie bereits festgestellt worden ist, geht der Übergang zur Elternschaft mit zahlreichen neuen Aufgaben einher, die in den bisherigen Tagesablauf etabliert werden müssen. Da die Versorgung des Kindes als zentrale Aufgabe sehr umfänglich ist, muss bei anderen Aufgaben Zeit und Energie geschaffen werden. Damit ist häufig verbunden, dass die Frauen ihre Erwerbstätigkeit reduzieren, ihre Freizeit und die Zeit für partnerschaftliche Interessen drastisch einschränken müssen. Da diese Umverteilungen häufig nicht geplant sind und in der Regel mit negativen Gefühlen verbunden sind, die sich ebenfalls negativ auf das emotionale Befinden in der Partnerschaft auswirken können, sollte eine bewusste Aushandlung dieser Aufgaben zwischen den Partnern erfolgen. Denn häufig wird diese Thematik im Vorfeld nicht angesprochen, sodass die Verteilung nach gesellschaftlichen Stereotypen erfolgt, was wiederum darin zu begründen ist, dass Konflikte auf diese Weise aus dem Weg gegangen werden können. Wichtig ist aber, dass eine Vorstellung beider Partner berücksichtigt und eine bewusste Aushandlung und Klärung der Rollenzuweisungen nach ‚Fairnessnormen‘ im Vorfeld getroffen wird. Dies wird wiederum dann besser gelingen, wenn beide Partner über gute Kommunikationsfertigkeiten verfügen. Denn durch eine ungleiche Verteilung von Rollen und Aufgaben können auch Gefühle von Neid, Eifersucht oder Unmut entstehen, da die Mutter ihren zuvor etablierten Tagesablauf völlig umstrukturieren muss, während dies beim Vater nicht der Fall ist. Aus diesem Grund ist es eine wichtige Aufgabe der Eltern, die neuen Aufgaben, die durch das neue Familienmitglied entstehen, gerecht zu verteilen (von Block 1999, S. 391).

Da sowohl dem Mann als auch der Frau der Beruf heutzutage sehr wichtig ist und sich die Frau durch die neue Rollenaufteilung stark belastet fühlt, sollte das Paar einen Weg finden, der beiden Partnern ein berufliches Engagement ermöglicht. Dies kann mitunter darin realisiert werden, indem das Kind durch Dritte betreut wird, wie beispielsweise durch Tagesmütter, Betreuungseinrichtungen oder ähnliche Institutionen (Sierwald 1999, S. 372). In diesem Zusammenhang sollte die Familienpolitik ausreichend qualitativ hochwertige Kinderbetreuungseinrichtungen und -angebote schaffen.

Die Partnerschaft stellt eine wesentliche Rahmenbedingung für das Funktionieren der Familie dar. Ein weiterer wesentlicher Aspekt besteht also in der Tatsache, dass das Paar versuchen muss, sich von der Elternschaft abzugrenzen, um auf diese Weise wieder mehr Zeit miteinander ohne das Kind zu verbringen, also vor allem Zeit, die nicht von Routine bestimmt ist, sondern die Alltäglichkeit durchbricht. Auch dazu ist es sinnvoll, dass das Kind fremdbetreut wird. Denn „ähnlich wie Familie selbst ist auch die Paarbeziehung keine naturgegebene Ressource, sondern muss immer wieder hergestellt werden und braucht daher entsprechende unterstützende Rahmungen" (Jurczyk 2012, S. 33).

Wie schon zu Beginn dieser Arbeit festgestellt worden ist, lastet auf Eltern heutzutage ein gewaltiger Druck. Die Anforderungen an Partnerschaft, Elternschaft und die Ansprüche der Eltern, etwa was die Erziehung der Kinder oder auch die berufliche Situation betrifft, sind in den letzten Jahren stark angestiegen. Dies führt aber unweigerlich zu starken Einbußen auf der Paarebene. Gleichwohl sollten die Partner also versuchen, den Alltag gelassener anzugehen, Prioritäten zu setzen und eigene Ansprüche herunterzuschrauben (vgl. Unverzagt o. J., o. S.).

Wie die Arbeit bereits verdeutlicht hat, können vor allem Erwartungsverletzungen zu einer Abnahme der Partnerschaftszufriedenheit führen. Diese ergeben sich oftmals daraus, dass bestimmte Werte oder Vorstellungen, die im Vorfeld geplant worden sind, nach der Geburt des ersten Kindes nicht in die Realität übertragen werden können, was wiederum in der Folge zu negativen Gefühlen gegenüber der Partnerin oder des Partners führt, wenn diese dafür verantwortlich gemacht wird. Um Partnerschaftskonflikte, die aus dem Übergang zur Elternschaft resultieren, auch schon im Vorfeld vorzubeugen, ist es sehr sinnvoll, dass die Partner schon im Vorfeld darüber sprechen, wie sie sich ihr Familienleben vorstellen und was sie voneinander erwarten. Dies hat den entscheidenden Vorteil, dass die Partnerin oder der Partner über die eigenen Interessen, Wünsche und Vorstellungen in Kenntnis gesetzt wird, womit dementsprechend Erwartungsverletzungen und somit negative Gefühle gegenüber der Paarbeziehung vorgebeugt werden können (Fthenakis 1999, S. 94). In diesem Zuge ist als sehr sinnvoll einzustufen, wenn sich Eltern schon vorgeburtlich spezifische Informationen über eintretende Lebensveränderungen und Belastungen aneignen, sodass spezifische Vorbereitungen und Pläne getroffen werden können, um die Wahrscheinlichkeit unangenehmer Überraschungen weitestgehend zu reduzieren und Erwartungsverletzungen somit vorzubeugen.

Um die Anforderungen im Übergang möglichst gering zu halten, kann es sich außerdem als durchaus hilfreich erweisen, wenn andere größere und absehbare Ereignisse verschoben werden, wie beispielsweise ein Umzug, ein Examen oder auch ein Hausbau (vgl. Reichle 1999, S. 17).

4.3 Professionelle Hilfen beim Übergang zur Elternschaft

Wie in Kapitel 2.4 bereits erläutert worden ist, eignet sich das darin beschriebene Phasenmodell von Gloger-Tippelt (1988) als grobe Orientierung für geeignete professionelle Beratungs- und Unterstützungsmaßnahmen im Übergang zur Elternschaft (vgl. Jungbauer 2009, S. 38f.). In diesem Zusammenhang stehen unterschiedliche Ansätze und Programme für Eltern bereit, um mitunter auch die im vorherigen Abschnitt zusammengetragenen partnerschaftlichen Möglichkeiten der Intervention umsetzen zu können. Dabei liegt das Hauptaugenmerk auf den vielfältigen Konzeptionen der Elternbildung, worin vielfältige professionelle Unterstützungssysteme für Eltern gefasst werden, die bei Erziehungsfragen oder bei der Gestaltung des familiären Lebensalltags unterstützt werden sollen (vgl. Tschöpe-Scheffler 2005, S. 12).

In der *Schwangerschaft* stellen neben den medizinischen Vorsorgeuntersuchungen, auch verschiedene Vorbereitungsaktivitäten für beide Partner sinnvolle Angebote dar. Insbesondere für Paare, die zum ersten Mal Eltern werden, wird beispielsweise die Teilnahme an einem Geburtsvorbereitungskurs ausdrücklich empfohlen (vgl. Jungbauer 2009, S. 38). Bei einer Beratung *im Vorfeld der Geburt* kann beispielsweise geklärt werden, in welcher Umgebung die Frau überhaupt entbinden möchte und wie die Partner zu der Anwesenheit des Vaters bei der Entbindung des gemeinsamen Kindes stehen (vgl. ebd.). Darüber hinaus erleichtert ebenfalls eine spezifische Wissensvermittlung den Übergang zur Elternschaft. Diese dient primär dazu, unrealistische Vorstellungen und Erwartungen der zukünftigen Eltern durch realistische Kenntnisse zu ersetzen. Informationen zielen vorwiegend auf die Vorbeugung von Erwartungsverletzungen ab, die in der Regel mit Partnerschaftsunzufriedenheit einhergehen und somit eine Gefahr für das gesamte Familiensystem darstellen. So können zukünftige Eltern beispielsweise durch die Gesundheitshilfe, welche Gynäkologen und Gynäkologinnen sowie Fachkräfte der Geburtsvorbereitung umfasst, in einem persönlichen Gespräch grundlegend darüber informiert werden, wie die erste Phase mit dem Kind verläuft. Zudem stehen hier auch die körperlichen Veränderungen während der Schwangerschaft sowie Besonderheiten im Verlauf des Geburtsereignisses im Fokus. Darüber hinaus können sich werdende Eltern aber auch durch einschlägige Fachzeitschriften, die über gesundheitsdienstliche Praxen zugänglich sind oder auch durch spezifische Internetportale, an erste Informationen gelangen (vgl. Tschöpe-Scheffler 2005, S. 258). Während der Zeit der Schwangerschaft, Geburt und auch im Wochenbett bis zu acht Wochen nach dem Geburtsereignis steht auch die Betreuung durch eine Hebamme zur Verfügung, die jeder Familie gesetzlich zusteht. Vordergründig beziehen sich diese Hilfestellungen auf die Betreuung bei Schwangerschaftsbeschwerden, auf Gespräche über Geburtsvorbereitungsmaßnahmen sowie auf die optimale Säuglingspflege und -versorgung. *Unmittelbar nach der Geburt* und insbesondere bei Erstgebärenden, ist eine Anleitung zum

Stillen und zur Säuglingspflege sinnvoll. Darüber hinaus eignen sich auch zahlreiche Internetportale für gezielte Recherchearbeiten und Suche nach Unterstützungsmöglichkeiten. Das Portal www.schatten-und-licht.de beispielsweise bietet einen Zugang zu einem gemeinnützigen Verein, der sich vorwiegend an Frauen richtet, die mit postnatalen Depressionen zu kämpfen haben. Zusätzlich bietet dieses Forum einen Verweis auf mögliche Ursachen dieses Krankheitsbildes sowie spezifische Mutter-Kind-Einrichtungen und eine Liste von Fachberaterinnen und Fachberatern. Gloger-Tippelt untermauert, dass insbesondere die erste Zeit mit dem Kind als sehr schwierig einzustufen ist. Emotionale Entlastungen können in den *ersten Monaten nach der Geburt* beispielsweise durch offene Eltern-Kind-Treffs angeboten werden, deren primäres Ziel es ist, „Eltern mit Säuglingen und Kleinkindern durch die Einbindung in sozialräumliche Netzwerke aus der Isolation zu holen und Selbsthilfepotenziale durch Bewusstmachung der eigenen Kompetenzen zu aktivieren" (Tschöpe-Scheffler 2005, S. 261).

Im weiteren Verlauf der Elternschaft, insbesondere im *ersten und zweiten Lebensjahr* des Kindes, zielen zahlreiche Angebote der Elternbildung auf eine verbesserte Bewältigung der Elternrolle und können somit auch als Prävention von Partnerschaftsproblemen betrachtet werden. Im Mittelpunkt dabei stehen vor allem die Förderung elterlicher Kompetenzen und der Eltern-Kind-Beziehung sowie die Unterstützung bei elterlichen Erziehungsproblemen.

Eines der bekanntesten Konzepte in der Elternbildungslandschaft stellt das *Prager Eltern-Kind-Programm* dar, besser bekannt unter *PEKiP*, welches ein Angebot für Eltern und ihre Kinder im ersten Lebensjahr ist und sich primär zum Ziel setzt, die kindliche Entwicklung sowie die Eltern-Kind-Beziehung zu fördern. Ritualisierte Bestandteile der wöchentlich stattfindenden Gruppentreffen sind beispielsweise das An- und Ausziehen der Kinder, Begrüßungs- und Abschiedslied, das Rundgespräch mit den Eltern sowie spielerische Wahrnehmungs- und Bewegungsübungen. Als positiver Nebeneffekt ist anzumerken, dass *PEKiP* ein sinnvolles Unterstützungsangebot beim Übergang zur Elternschaft darstellt, da Eltern in dieser Phase von Verunsicherungen geprägt sind und mitunter auch ein starkes Bedürfnis nach Austausch mit Gleichgesinnten haben (vgl. Jungbauer 2010, S. 156).

Die erwähnten Elternbildungsangebote stellen jedoch nur einen kleinen Ausschnitt dar. Die Vielzahl an Familienbildungs- beziehungsweise Elternbildungsprogrammen ermöglicht hilfesuchenden Eltern ein breites Spektrum an Unterstützungsmöglichkeiten. Jedoch legt diese Tatsache gleichzeitig auch eine

Schwachstelle offen, nämlich dass die Elternbildungslandschaft seit einiger Zeit sehr unübersichtlich geworden ist und für Eltern die Schwierigkeit mit sich bringt, sich überhaupt zurecht zu finden. Außerdem ist zu konstatieren, dass sich die meisten Unterstützungen eher darauf beschränken, die Schwangerschaft zu begleiten oder auf den Geburtsakt vorzubereiten. Diese Vorbereitungskurse sind in der Familienbildung zwar sehr gut etabliert, leisten aber eben nur das, was der Name vorab verrät: Sie bereiten auf die Geburt vor, nicht aber auf das Lebensereignis der Elternschaft. Dementsprechend ist hier einschränkend zu konstatieren, dass sich nur eine sehr geringe Anzahl dieser Kurse auf die Unterstützung hinsichtlich partnerschaftlicher Veränderungen beziehen.

Wie im Zuge dieser Arbeit festgestellt worden ist, resultieren aus dem ‚Eltern-Werden‘ vor allem Veränderungen auf der partnerschaftlichen Ebene. Somit können auch *Partnerschaftsprobleme durch die Übernahme der Elternschaft* durch professionelle Unterstützungsmaßnahmen vorgebeugt oder sogar behoben werden. Beispielgebend ist vordergründig das Unterstützungsprogramm „Wir werden Familie", welches von Barbara Reichle im Jahr 1999 entwickelt worden ist und als ein Vorbereitungskurs auf die erste Elternschaft fungiert. Grundsätzlich ist der Kurs sowohl für werdende Eltern, als auch für Paare, die bereits Eltern sind, sinnvoll und nützlich. Primäre Ziele dieses Manuals sind Einschränkungen als veränderbar wahrzunehmen, Ungerechtigkeitserlebnisse zu reduzieren, Verteilungen zu optimieren und zu akzeptieren sowie die Verminderung von Belastungsmomenten. Als Mittel zur Erreichung dieser Ziele gibt es insgesamt fünf Trainingsbausteine. Zunächst soll die Beschaffung von Informationen über dieses Lebensereignis eine bessere Planung ermöglichen, um unangenehme Überraschungen oder idealisierte Vorstellungen zu vermeiden. Zudem werden partnerschaftliche Kommunikationsfertigkeiten erlernt und eingeübt, die eine wesentliche Voraussetzung für den konstruktiven Umgang mit Konfliktsituationen darstellen. Schließlich soll der Umgang mit negativen Gefühlen, mit Meinungsverschiedenheiten sowie mit Belastungen eingeübt werden. Der Kurs ist aus didaktischen Gründen als Gruppe für 4-7 Teilnehmern ausgelegt und bietet somit die Möglichkeit der Veranschaulichung anderer Formen der Lebensgestaltung und damit auch ein neues Spektrum an Formen alltagsstruktureller Organisation (vgl. Reichle 1999). Zudem kann sich eine Gruppe gegenseitig unterstützen, um auf diese Weise auch erste Schritte aus der Isolation versuchen. Außerdem wird auf die Verbesserung von Kommunikationsfertigkeiten abgezielt, damit negative Streit-

und Konfliktmuster vermieden und anstatt dessen konstruktive Verhaltensweisen erlernt werden (vgl. Fthenakis 2002, S. 482).

Eine andere Möglichkeit der Konfliktbewältigung im Übergang zur Elternschaft liegt in der Bearbeitung durch die *Familienmediation*. Mediation bedeutet Vermittlung und „bezeichnet eine Form der Konfliktregelung, bei der eine oder mehrere neutrale - d.h. nicht am unmittelbaren Konflikt beteiligte - Personen zwei oder mehreren Konfliktparteien dabei helfen, eigenverantwortlich und selbstbestimmt zu einer Lösung für ihren Konflikt zu gelangen, zu einer Regelung, die allen Konfliktparteien fair und praktikabel erscheint" (Mecke/Weinmann-Lutz, S. 173). Primäre Zielsetzungen dabei sind, dass die allparteiliche Mediatorin oder der allparteiliche Mediator die Konfliktpartner darin unterstützt, eigenverantwortlich an einer veränderten Wahrnehmung des Konflikts und an einer zukünftigen Regelung zu arbeiten (vgl. Römer-Wolf/Theilmann-Braun 2003, S. 100). Unter einer allparteilichen Grundhaltung ist dabei generell zu verstehen, dass sich die Aufmerksamkeit der Mediatorin oder des Mediators gleich und fair auf alle streitenden Parteien verteilt (vgl. ebd., S. 101). Die Anwendungsbereiche der Familienmediation sind äußerst vielfältig und beziehen sich mitunter auf Konflikte, die durch familiäre Übergänge entstehen können (vgl. ebd., S. 98f.). Dabei ist zu beachten, dass die Vermittlung auf eine bestimmte Art und Weise strukturiert ist und mindestens drei Phasen unterschieden werden, nämlich die Eingangsphase, die Phase der Konfliktbearbeitung sowie die Abschlussphase. So kann die Familienmediation beispielweise bei Aushandlungsprozessen bezüglich der innerfamiliären Aufgabenverteilungen zwischen den Partnern sinnvoll einbezogen werden.

Bei sehr schwerwiegenden partnerschaftlichen Differenzen hingegen empfiehlt es sich eher, dass psychologische Paarberatungen oder sogar Paartherapien konsultiert werden. Hierbei sollte jedoch beachtet werden, dass diese in den meisten Fällen erst dann aufgesucht werden, wenn der negative Verlauf der Partnerschaft kaum noch abzuwenden ist, was in der Regel zu einer geringeren Wirksamkeit führt (vgl. Bodenmann 2008, S. 767). In diesem Zusammenhang kann die Bewältigung dieses Lebensereignisses sowohl einen konstruktiven, als auch einen destruktiven Verlauf entwickeln. „Wer allerdings erwartet, nach der Beratung oder der Therapie als rundum glückliches und problemloses Paar leben zu können, wird enttäuscht werden. Veränderung kann genauso Trennung bedeuten wie Weiterentwicklung" (Bullinger 1986, S. 193).

Somit ist als eine andere Konsequenz, die sich aus dem Übergang zur Elternschaft ergeben kann, natürlich auch die Trennung oder Scheidung des Paares in Betracht zu ziehen. Und obwohl die moralischen Bedenken hinsichtlich einer Trennung für ein Paar mit einem Kind vermeintlich größer sind als für ein kinderloses Paar, ziehen nicht selten viele Paare diesen Schritt in Erwägung (vgl. ebd., S. 198). Dies ist zwar vor allem für die Kinder eine schmerzliche Erfahrung im Leben, im Kontrast zu den dauerhaften Konfliktsituationen im familiären Alltag allerdings als eine tragbare Lösung anzusehen (vgl. Zemp/Bodenmann 2015, S. 37). Wesentlich ist, dass Eltern im Falle einer Trennung als Paar, trotzdem versuchen, kompetente Eltern zu bleiben. Dies gelingt insbesondere dann, wenn sie ihrer gemeinsamen Verantwortung gegenüber den Kindern gerecht werden, wenn sie die emotionalen Bedürfnisse der Kinder erkennen und entsprechend darauf eingehen sowie wenn ein zukünftig konstruktiver Umgang mit Meinungsverschiedenheiten erfolgt (vgl. Largo & Czernin 2014, S. 156ff.).

5 Schlussbemerkung

Wurde die Elternschaft in früheren Zeiten als ein normatives, also erwartungsgemäßes Lebensmodell betrachtet, wird diese heutzutage in langfristigen Entscheidungsprozessen nach ‚Kosten und Nutzen' abgewogen und mitunter aufgrund konkurrierender Lebens-, Berufs- und Karrierepläne aufgeschoben. Obwohl Kinder im Allgemeinverständnis als sinnstiftend gelten und ihnen eine hohe Bedeutung zugesprochen wird, bewirken die zunehmenden gesellschaftlichen Ansprüche an Eltern, dass sich diese Auffassungen letzten Endes nicht durchsetzen und die Elternschaft somit nicht realisiert wird. „Eltern stehen heute unter enormen Druck, sowohl hinsichtlich ihrer subjektiven Befindlichkeiten als auch hinsichtlich der objektiv gestiegenen Anforderungen. Ein Leben mit Kindern bedeutet heute nicht nur Sinn und Glück, sondern auch Spagat, vielfache Spannungen und oft auch das Gefühl von Ungenügen. Familiäre Werte stehen dem Leitbild der wettbewerbsorientierten Wirtschaft entgegen, in der sich jeder einzelne als Wettbewerbsteilnehmer begreifen muss. Die Familie [...] ist die abhängige Variable" (Henry-Huthmacher 2008, S. 23, Auslassung v. Jennifer Stiebeling).

In diesem Zusammenhang ist auch von wesentlicher Relevanz, welche Folgen mit der Übernahme der Elternrolle verbunden sind, die im Vorfeld wenig transparent und von den Beteiligten daher nur schwer einzuschätzen sind. Beachtenswert ist dabei, dass dieses Lebensereignis von zahlreichen Ideologien geprägt ist, was nicht selten dazu führt, dass das Ausmaß an Belastungen von den Partnern unterschätzt wird.

Wird aber nun die Gesamtheit der vorliegenden Arbeit betrachtet, so ist zu erwähnen, dass in der Forschungsübersicht weitestgehend darüber Einigkeit besteht, dass der Übergang von der kinderlosen Partnerschaft zur Elternschaft mit tiefgreifenden Veränderungen sowie mit einer gravierenden Umstellung der gesamten Lebenssituation verbunden ist, welche sich vor allem in den zuvor etablierten Alltagsstrukturen sowie in der elterlichen Paarbeziehung manifestieren. Mit der Geburt des ersten Kindes entwickelt sich aus der dyadischen Beziehung des Paares eine triadische Familienkonstellation heraus. Für die Partner sind damit zahlreiche Herausforderungen und Belastungsmomente verbunden, die schon lange vor dem Geburtsereignis beginnen und auch noch lange Zeit danach nicht abgeschlossen sind (vgl. Griebel/Niesel 2017, S. 40). In diesem Zusammenhang sind erhebliche Anpassungsleistungen der frischgebackenen Eltern erforderlich. Die Tatsache, dass durch die neuen Aufgaben im Tagesablauf und die permanente Bedürfnisbefriedigung des Kindes, eigene Freiräume und Interessen zurückgestellt werden müssen, bedingt häufig eine damit einhergehende Unzufriedenheit, die sich nicht selten auch auf die Partnerschaft auswirken kann.

Die mit dem Übergang zur Elternschaft verbundenen Herausforderungen und Veränderungen hinsichtlich rollenspezifischer und struktureller Gesichtspunkte der elterlichen Partnerschaft bildeten den zentralen Hauptaspekt dieser Arbeit.

Die wohl stärksten Auswirkungen resultieren aus der asymmetrischen Aufteilung von Aufgaben und Rollen. Diese führt dazu, dass in der Regel die Frau nach der Ankunft des Kindes, die Hauptverantwortung für die anfallende Arbeit im Haushalt und für die Versorgung des Kindes übernimmt und ihre Berufstätigkeit dementsprechend einschränken beziehungsweise vorübergehend aufgeben muss. Dieser missliche Umstand stellt jedoch ein sehr hohes Konfliktpotential in der elterlichen Paarbeziehung dar, da die Frau mit dem Verlust der Berufstätigkeit auch gleichzeitig ihre sozialen Kontakte zu Arbeitskolleginnen und -kollegen, ihre Möglichkeiten der Selbstentfaltung sowie ihre ökonomische Unabhängigkeit vom Partner verliert, was nicht selten als eine schmerzliche Beeinträchtigung erfahren wird. In diesem Zusammenhang stellt die Soziologin Beck-Gernsheim (1989, S. 52) treffenderweise fest, dass der heutige Trend der Frauen, also die Herauslösung aus der Familie und die zunehmende Berufstätigkeit, in der privaten Biografie wieder umgekehrt wird. Im Zuge der verstärkten Bildungs- und Erwerbstätigkeitsbeteiligung der Frauen ist also von der Annahme auszugehen, dass immer mehr Frauen „[...] den Wechsel zum Dasein als Hausfrau-und-Mutter jetzt als Dequalifizierung erleben, ja in bestimmtem Sinne sogar als sozialen Abstieg. Pointiert gesagt: Sie lieben das Kind - aber sie lieben es nicht, das Dienstmädchen der Familie zu sein" (Beck-Gernsheim 1989, S. 56f.). Somit kann abschließend formuliert werden, dass der Wandel der Frauen noch nicht auf der gesellschaftlichen und intrafamilialen Ebene angekommen ist (vgl. Schneewind 2010, S. 76).

Darüber hinaus haben einige Untersuchungen gleichermaßen aber auch darauf verwiesen, dass dieser Umstand gleichzeitig damit einhergeht, dass der Vater die Rolle des Familienernährers zugewiesen bekommt, was aber durch das Aufkommen der sogenannten „neuen Väter" als zunehmend negativ aufgefasst wird. Die Durchsetzbarkeit wird allerdings durch strukturelle, und gesellschaftliche Barrieren sowie auch durch die verstärkte Steuerung der Frauen verhindert.

Wird die Forschungslage zu dieser Thematik betrachtet, so zeigt sich immer wieder, dass diese Veränderungen - insbesondere aber die Rückkehr zur spezialisierten Rollenverteilung zwischen Frau und Mann - im Durchschnitt mit Einbußen in der Partnerschaftszufriedenheit einhergehen, die sich vor allem durch eine Abnahme liebevoller Gesten und durch die Zunahme stressinduzierter Konfliktsituationen bemerkbar machen. Allerdings gibt es auch hier Unterschiede, denn diese Veränderungen sind nicht auf jedes Paar übertragbar.

Ob die Geburt des Kindes dabei die Hauptursache für die Abnahme der Partnerschaftszufriedenheit ist, ist in der Forschungslandschaft allerdings noch nicht eindeutig geklärt. Dagegen einzuwenden ist, dass auch bei kinderlosen Paaren die partnerschaftliche Zufriedenheit in einem vergleichbaren Zeitraum absinkt. Der Rückgang romantischer Gefühle könnte also auch durch einen generellen Verlaufseffekt der Ehe erklärt werden. Andere Studien wiederum betonen, dass das Absinken der partnerschaftlichen Zufriedenheit nicht nur auf eine generelle Erosion zurückzuführen ist, weil kinderlose Paare im Vergleich zu Eltern im Durchschnitt bessere Beziehungswerte aufzeigen. Diese Ergebnisse verdeutlichen somit eher, dass Partnerschaften, die über einen längeren Zeitraum hinweg andauern, zwar gewisse Gewöhnungs- und Ernüchterungseffekte aufweisen, die Elternschaft diesen Prozess aber beschleunigt. Auch zu berichten ist darüber, dass derzeit noch keine einheitliche Forschungslage darüber existiert, ob der Übergang nun für Frauen oder Männer wesentlich gravierender ist. In diesem Zusammenhang existieren sowohl zahlreiche Studien, die keine geschlechtsspezifischen Unterschiede hervorheben als auch jene, die eine beträchtliche Partnerschaftszufriedenheit vor allem bei den Männern finden. Wie die Gewichtung von positiver und negativer Veränderungen im Einzelfall ausfällt, hängt von zahlreichen moderierenden Variablen und subjektiven Befindlichkeiten ab. Demnach sind beispielsweise individuelle Eigenschaften der Partner und des Kindes, die vorgeburtliche Beziehungsqualität, materielle Ressourcen sowie die Einbettung in ein soziales Unterstützungsnetzwerk von wesentlicher Bedeutsamkeit im Hinblick auf die zu- oder abträgliche Bewältigung der Familienwerdung.

Darüber hinaus ist die Partnerschaftszufriedenheit als ein wichtiger Indikator für das allgemeine Paarklima anzusehen. Dauerhafte Konflikte bewirken nicht nur, dass die Qualität und Stabilität der Paarbeziehung starke Einbußen zu verzeichnen hat, sondern richten auch erhebliche Schäden im gesamten Familienkontext an. Da die Partnerschaft der Eltern die Grundlage für ein funktionierendes Familiensystem darstellt, herrscht in der einschlägigen Literatur Einigkeit darüber, dass sich eine negativ geprägte Beziehung der Eltern auch insgesamt negativ auf die kindliche Entwicklung und auf das Verhalten der Eltern in ihrer Rolle als Erzieher auswirkt. Insgesamt gesehen wirken sich dauerhafte und destruktive Partnerschaftskonflikte negativ auf die Kinder aus, unerheblich sind dabei Alter und Geschlecht des Kindes. Da das Familiensystem allerdings reziproke Beziehungen umfasst, sind auch kindliche Persönlichkeitseinflüsse für den weiteren Verlauf der Partnerschaft entscheidend. Kinder, die übermäßig viel Schreien und Weinen oder aber einer besonderen Fürsorge bedürfen, werden als ‚schwierig' eingestuft und verursachen Spannungen in der elterlichen Partnerschaft.

Doch wer das Kindeswohl verbessern möchte, muss erst einmal die Situation der Eltern verbessern. Präventive und intervenierende Angebote der Elternbildungslandschaft zielen darauf ab, die Eltern im Übergang zur Elternbildung zu unterstützen. Allerdings muss hier ausdrücklich betont werden, dass eine Spezialisierung und Erweiterung dieser Unterstützungsprogramme hinsichtlich partnerschaftlicher Veränderungen zukünftig dringend erforderlich und notwendig ist.

Wird die Gesamtheit dieser Arbeit noch einmal betrachtet, so ist besonders auffällig, dass die Forschungsliteratur hinsichtlich des Übergangs zur Elternschaft vorwiegend ein negatives Bild zeichnet. In diesem Kontext wird vor allem die Abnahme der Partnerschaftszufriedenheit beziehungsweise Beziehungsqualität nach der Geburt des ersten Kindes betont. Dies ist aber insofern nicht erstaunlich, als dass die damit einhergehenden Herausforderungen und Anpassungsleistungen von den Betroffenen als ein tiefer Einschnitt in der Lebensführung erfahren werden. Die überwiegenden Ergebnisse halten also fest, dass der Übergang zur Elternschaft mit gravierenden Veränderungen verbunden ist, welche die Bewältigungspotentiale der Beteiligten herausfordert.

Wurde der Eintritt in die Familienphase in früheren Arbeiten unter dem Krisenparadigma geführt, worin die mit der Übernahme der Elternrolle verbundenen Anforderungen und Veränderungen als grundsätzlich krisenhaft angesehen werden, besteht heutzutage aber weitestgehend Einigkeit darüber, dass krisenhafte Ereignisse nicht nur schädlich, sondern durchaus auch förderlich sein können. In diesem Sinne wird Elternschaft als eine Entwicklungsaufgabe betrachtet, die nicht ausschließlich mit negativen Aspekten verbunden ist, sondern durchaus auch über zahlreiche Chancen verfügt. Wird die Phase der Familiengründung erfolgreich gemeistert, so kann dies die Beteiligten zu persönlicher Reife und persönlicher Weiterentwicklung befähigen.

Dementsprechend sollte abschließend von der Erkenntnis berichtet werden, dass viele Paare die Zeit mit ihrem Kind oder mit ihren Kindern dennoch mit Freude erleben, da die Herausforderungen und Belastungen, die insbesondere aus der

Erstelternschaft resultieren können, von den mannigfaltigen positiven Aspekten der Familiengründung aufgewertet werden. Denn „Wenn der Umgang mit Einschränkungen und Veränderungen gelingt, die Partner ihre Freude über das sich entwickelnde Kind teilen und neben der Elternrolle auch die Paarbeziehung genießen können, sind Kinder nach Einschätzung älterer Paare eine unübertroffene Bereicherung im Leben (Gloger-Tippelt 2007, S. 520).

Literaturverzeichnis

Amato, P. R./Spencer Loomis, L./Booth, A. (1995): Parental Divorce, Marital Conflict, and Offspring. Well-being during Early Adulthood. *Social Forces*, 73(3), S. 897.

Bauer, M. (1992): Übergang zur Elternschaft: Erlebte Veränderungen. *Psychologie in Erziehung und Unterricht, 39*, S. 96-108.

Beck-Gernsheim, E. (1989): *Mutterwerden - der Sprung in ein anderes Leben.* Frankfurt am Main: Fischer Taschenbuch Verlag.

Beck, U./Beck-Gernsheim, E. (1990): *Das ganz normale Chaos der Liebe.* Frankfurt am Main: Suhrkamp Verlag.

Beck-Gernsheim, E. (1990): Alles aus Liebe zum Kind. In: Beck, U./Beck-Gernsheim, E. (1990): *Das ganz normale Chaos der Liebe.* Frankfurt am Main: Suhrkamp Verlag.

Beck-Gernsheim, E. (2006): *Die Kinderfrage heute. Über Frauenleben, Kinderwunsch und Geburtenrückgang.* München: C. H. Beck.

Belsky, J. (1991): Ehe, Elternschaft und kindliche Entwicklung. In: Engfer, A./Minsel, B./Walper, S. (Hrsg.) (1991): *Zeit für Kinder! Kinder in Familie und Gesellschaft.* Weinheim und Basel: Beltz.

Bischof-Köhler, D. (2011): *Soziale Entwicklung in Kindheit und Jugend. Bindung, Empathie, Theory of Mind.* Stuttgart: W. Kohlhammer.

Bleich, C. (1999): Veränderungen der Paarbeziehungsqualität vor und während der Schwangerschaft sowie nach der Geburt des ersten Kindes. In: Reichle, B./Werneck, H. (Hrsg.) (1999): *Übergang zur Elternschaft. Aktuelle Studien zur Bewältigung eines unterschätzten Lebensereignisses.* Stuttgart: Enke.

Bodenmann, G. (2003): Die Bedeutung von Stress für die Partnerschaft. In: Grau, I./Bierhoff, H.-W. (Hrsg.): *Sozialpsychologie der Partnerschaft.* Heidelberg: Springer-Verlag.

Bodenmann, G. (2008): Prävention von Partnerschaftsstörungen und Paarberatung. In: Petermann, F./Schneider, W. (Hrsg.): *Angewandte Entwicklungspsychologie.* Göttingen u.a.: Hogrefe.

Bodenmann, G. (2013): *Lehrbuch. Klinische Paar- und Familienpsychologie.* Bern: Hans Huber.

Bullinger, H. (1986): *Wenn Paare Eltern werden. Die Beziehung zwischen Frau und Mann nach der Geburt ihres Kindes.* Hamburg: Rowohlt Taschenbuch Verlag.

Bundesministerium für Familie, Senioren, Frauen und Jugend (2006): *Familie zwischen Flexibilität und Verlässlichkeit. Perspektiven für eine lebenslaufbezogene Familienpolitik. Siebter Familienbericht.*

Burkart, G./Kohli, M. (1992): *Liebe, Ehe, Elternschaft. Die Zukunft der Familie.* München: R. Pieper.

Burkart, G. (2008): *Familiensoziologie.* Konstanz: UVK Verlagsgesellschaft.

Cierpka, M. (2014): *Frühe Kindheit 0-3 Jahre. Beratung und Psychotherapie für Eltern mit Säuglingen und Kleinkindern.* 2., korrigierte Auflage. Heidelberg: Springer.

Cierpka, M./Frey, B./Scholtes, K./Köhler, H. (2014): Von der Partnerschaft zur Elternschaft. In: Cierpka, M. (2014): *Frühe Kindheit 0-3 Jahre. Beratung und Psychotherapie für Eltern mit Säuglingen und Kleinkindern.* 2., korrigierte Auflage. Heidelberg: Springer.

Cowan, C. P. / Cowan, P. A. (1994): *Wenn Partner Eltern werden. Der große Umbruch im Leben des Paares.* München: Piper.

Cummings, E. M./Davies, P. T. (1994): *Children and Marital Conflict. The Impact of Family Dispute and Resolution.* New York: The Guilford Press.

Cummings, E. M./ Davies, P. T. (2010): *MARITAL CONFLICT and CHILDREN. An Emotional Security Perspective.* New York: The Guilford Press.

Dechant, A./Rinklake, A. (2016): Anticipating motherhood and fatherhood. German couples' plans for childcare and paid word. In: Grunow, D./Evertsson, M. (2016): *Couples' Transitions to Parenthood.* Analysing Gender and Work in Europe. Padstow: TJ International Ltd.

Deutscher Familienverband (Hrsg.) (1999): *Handbuch Elternbildung. Band 1. Wenn aus Partnern Eltern werden.* Opladen: Leske + Budrich.

Donath, O. (2015): Regretting Motherhood: A Sociopolitical Analysis. *Journal of Women in Culture and Society,* 40(2), S. 343-367.

El-Giamal, M. (1999): *Wenn ein Paar zur Familie wird. Alltag, Belastungen und Belastungsbewältigung beim ersten Kind.* Freiburg Schweiz: Universitätsverlag.

Engfer, A./Minsel, B./Walper, S. (Hrsg.) (1991): *Zeit für Kinder! Kinder in Familie und Gesellschaft.* Weinheim u. a.: Beltz.

Ettrich, C./Ettrich, K. U. (1995): Die Bedeutung sozialer Netzwerke und erlebter sozialer Unterstützung beim Übergang zur Elternschaft. *Psychologie in Erziehung und Unterricht,* 42, S. 29-39.

Faltermaier, T., Mayring, P., Saup, W., Strehmel, P. (2014): *Entwicklungspsychologie des Erwachsenenalters.* 3., vollständig überarbeitete Auflage. Stuttgart: W. Kohlhammer.

Fthenakis, W. E. (1998): Ta panta rei: Familie im Wandel - Risiken und Chancen für Eltern und Kinder. In: Huber, H. (Hrsg.): *Lebensraum Familie. Lebensweltliche Perspektiven.* Donauwörth: Auer Verlag.

Fthenakis, W. E. u. a. (1999): *Engagierte Vaterschaft. Die sanfte Revolution in der Familie.* Opladen: Leske + Budrich.

Fthenakis, W. E., Kalicki, B., Peitz, G. (2002): *Paare werden Eltern. Die Ergebnisse der LBS-Studie.* Opladen: Leske + Budrich.

Fthenakis, W. E., Minsel, B. (2002): *Die Rolle des Vaters in der Familie.* Bundesministerium für Familie, Senioren, Frauen und Jugend. Schriftenreihe Band 213. Stuttgart: Kohlhammer.

Gauda, G. (1989): Der Übergang zur Elternschaft. Die Entwicklung der Mutter- und Vateridentität. In: Keller, H. (1989): *Handbuch der Kleinkindforschung.* Berlin u.a.: Springer, S. 349-368.

Gauda, G. (1990): *Der Übergang zur Elternschaft. Eine qualitative Analyse der Entwicklung der Mutter- und Vateridentität.* Frankfurt am Main u. a.: Peter Lang.

Gloger-Tippelt, G. (1985): Der Übergang zur Elternschaft. Eine entwicklungspsychologische Analyse. *Zeitschrift für Entwicklungspsychologie u. Pädagogische Psychologie,* Band XVII(1), S. 54.

Gloger-Tippelt, G. (1988): *Schwangerschaft und erste Geburt.* Psychologische Veränderungen der Eltern. Stuttgart: Kohlhammer.

Gloger-Tippelt (1991): Frühe Familienentwicklung und Kinderwunsch. In: Engfer, A./Minsel, B./Walper, S. (Hrsg.) (1991): *Zeit für Kinder! Kinder in Familie und Gesellschaft.* Weinheim u. a.: Beltz, S. 186-189.

Gloger-Tippelt, G. (1999): Veränderungen der Partnerschaft durch die Geburt des ersten Kindes. In: Deutscher Familienverband (Hrsg.): *Handbuch Elternbildung. Band 1. Wenn aus Partnern Eltern werden.* Opladen: Leske + Budrich, S. 348-360.

Gloger-Tippelt, G. (2005): Psychologischer Übergang zur Elternschaft. In Thun-Hohenstein, L. (Hrsg.): *Übergänge. Wendepunkte und Zäsuren in der kindlichen Entwicklung.* Göttingen: Vandenhoeck & Ruprecht.

Gloger-Tippelt, G. (2007): Familiengründung und Übergang zur Elternschaft. In: Hasselhorn, M./Schneider, W. (Hrsg.): *Handbuch der Entwicklungspsychologie.* Band 7. Göttingen u. a.: Hogrefe.

Gooßen, K. (2011): *Veränderungen der Paarbeziehung beim Übergang zur Erstelternschaft. Langzeitinterviews mit Frauen.* Hamburg: Diplomica Verlag.

Graf, J. (2002): *Wenn Paare Eltern werden.* Weinheim: Beltz.

Grau, I./Bierhoff, H.-W. (Hrsg.) (2003): *Sozialpsychologie der Partnerschaft.* Heidelberg: Springer.

Griebel, W./Niesel, R. (2017): *Übergänge verstehen und begleiten. Transitionen in der Bildungslaufbahn von Kindern.* 4. Auflage. Berlin: Cornelsen.

Grunow, D./Evertsson, M. (2016): Couples' transition to Parenthood. Analysing Gender and Pais Work in Europe. Padstow: TJ International Ltd.

Hasselhorn, M./Schneider, W. (Hrsg.): *Handbuch der Entwicklungspsychologie.* Band 7. Göttingen u. a.: Hogrefe.

Hantel-Quitmann, W. (2013): *Basiswissen Familienpsychologie.* Familien verstehen und helfen. Stuttgart: Klett-Cotta.

Heinrichs, N./Hahlweg, K. (2008): Vorbereitung auf die Elternschaft. In: Petermann, F./Schneider, W. (2008): *Angewandte Entwicklungspsychologie.* Göttingen u.a.: Hogrefe.

Helfferich, C. (2017): *Familie und Geschlecht. Eine neue Grundlegung der Familiensoziologie.* Opladen u. Toronto: Barbara Budrich.

Henry-Huthmacher, C. (Hrsg.): Eltern unter Druck. Zusammenfassung der wichtigsten Ergebnisse der Studie. In: Merkle, T./Wippermann, C. (2008): *Eltern unter Druck. Selbstverständnisse, Befindlichkeiten und Bedürfnisse von Eltern in verschiedenen Lebenswelten.* Stuttgart: Lucius & Lucius.

Henry-Huthmacher, C. (Hrsg.) (2014): *Familienleitbilder in Deutschland. Ihre Wirkung auf Familiengründung und Familienentwicklung.* Paderborn: Bonifatius.

Herff, W. (1990): *Die Bedeutung familiärer Strukturdimensionen für die Phase des Übergangs zur Elternschaft.* Frankfurt am Main: Verlag Peter Lang.

Hofer, M./Wild, E./Noack, P. (2002): *Lehrbuch Familienbeziehungen. Eltern und Kinder in der Entwicklung.* 2., vollständig überarbeitete und erweiterte Auflage. Göttingen u. a.: Hogrefe-Verlag.

Huber, H. (1998): *Lebensraum Familie. Lebensweltliche Perspektiven.* Donauwörth: Auer Verlag.

Huinink, J. (1995): *Warum noch Familie? Zur Attraktivität von Partnerschaft und Elternschaft in unserer Gesellschaft.* Frankfurt am Main: Campus Verlag.

Huinink, J./Konietzka, D. (2007): *Familiensoziologie. Eine Einführung.* Frankfurt/Main: Campus Verlag.

Jellouschek-Otto, B./Jellouschek, H. (2005): *Lebensübergänge meistern: Vom Paar zur Familie.* Ammerbuch.

Jungbauer, J. (2009): *Familienpsychologie kompakt.* Weinheim u.a.: Beltz.

Jurczyk, K./Heitkötter, M. (2012): Keine Zeit zu zweit. Der Übergang in Elternschaft strapaziert die Paarbeziehung. Was sich für Mütter und Väter ändert. In: DJI Impulse, 1, S. 33.

Jurgan, S./Gloger-Tippelt, G./Ruge, K. (1999): Veränderungen der elterlichen Partnerschaft in den ersten 5 Jahren der Elternschaft. In: Reichle, B./Werneck, H. (Hrsg.) (1999): *Übergang zur Elternschaft. Aktuelle Studien zur Bewältigung eines unterschätzten Lebensereignisses.* Stuttgart: Enke, S. 37-51.

Kalicki, B./Peitz, G./Fthenakis, W. E./Engfer, A. (1999): Passungskonstellationen und Anpassungsprozesse beim Übergang zur Elternschaft. In: Reichle, B./Werneck, H. (Hrsg.) (1999): *Übergang zur Elternschaft. Aktuelle Studien zur Bewältigung eines unterschätzten Lebensereignisses.* Stuttgart: Enke, S. 129-146.

Keller, H. (1989): *Handbuch der Kleinkindforschung.* Berlin u.a.: Springer.

Kreppner, K. (2000): Entwicklung von Eltern-Kind-Beziehungen: Normative Aspekte im Rahmen der Familienentwicklung. In: Schneewind, K. A. (Hrsg.): *Familienpsychologie im Aufwind. Brückenschläge zwischen Forschung und Praxis.* Göttingen u. a.: Hogrefe-Verlag.

Largo, R. H./Czernin, M. (2014): *Glückliche Scheidungskinder.* München: Piper Verlag.

Lemel, S. (2015): „Regretting Motherhood"- Debatte. Deutsche regen sich tierisch auf – Israelis nicht. URL: https://www.stern.de/familie/kinder/regretting-motherhood--orna-donath-erstaunt-die-debatte-in-deutschland-6193138.html, letzter Zugriff: 13.03.2013.

Lerner, M. J./Mikula, G. (Hrsg.) (1994): *Entitlement and the affectional bond.* Justice in Close Relationships. New York: Plenum Press.

Lück, D. (2009): *Der zögernde Abschied vom Patriarchat. Der Wandel von Geschlechtsrollen im internationalen Vergleich.* Berlin: Ed. Sigma.

Marx, R. (2011): Familien und Familienleben. Grundlagen für Soziale Arbeit. Weinheim und Basel: Beltz Juventa. Mayer, K. U./Allmendinger, J./Huinink, J. (Hrsg.) (1991): *Vom Regen in die Traufe: Frauen zwischen Beruf und Familie.* Frankfurt/New York: Campus Verlag.

Mecke, A./Weinmann-Lutz, B. (1999): Präventive Mediation. In: Deutscher Familienverband (Hrsg.) (1999): *Handbuch Elternbildung. Band 1. Wenn aus Partnern Eltern werden.* Opladen: Leske + Budrich.

Merkle, T./Wippermann, C. (2008): *Eltern unter Druck. Selbstverständnisse, Befindlichkeiten und Bedürfnisse von Eltern in verschiedenen Lebenswelten.* Stuttgart: Lucius & Lucius.

Mundlos, C. (2016): *Wenn Mutter sein nicht glücklich macht. Das Phänomen Regretting Motherhood.* München: mvg Verlag, S. 12-52.

Nauck, B./Onnen-Isemann, C. (1995): *Familie im Brennpunkt von Wissenschaft und Forschung.* Neuwied u.a.: Hermann Luchterhand Verlag.

Oberndorfer, R./Rost, H. (2002): *Auf der Suche nach den neuen Vätern. Familien mit nichttraditioneller Verteilung von Erwerbs- und Familienarbeit.*

Oerter, R./ Montada, L. (Hrsg.) (1995): *Entwicklungspsychologie. 4. Auflage.* Weinheim: Psychologie Verlags Union.

Olbrich, E./Brüderl, L. (1995): Frühes Erwachsenenalter. Partnerwahl. Partnerschaft. Elternschaft. In: Oerter, R./ Montada, L. (Hrsg.) (1995): *Entwicklungspsychologie*. 4. Auflage. Weinheim: Psychologie Verlags Union, S. 411-420.

Papastefanou, C./Hofer, M. (2002): Familienbildung und elterliche Kompetenzen. In: Hofer, M./Wild, E./Noack, P. (2002): *Lehrbuch Familienbeziehungen. Eltern und Kinder in der Entwicklung*. 2., vollständig überarbeitete und erweiterte Auflage. Göttingen u. a.: Hogrefe-Verlag, S. 113-178.

Petermann, F./Schneider, W. (2008): *Angewandte Entwicklungspsychologie*. Göttingen u.a.: Hogrefe-Verlag.

Petzold, M. (1991): *Paare werden Eltern. Eine familienentwicklungspsychologische Längsschnittstudie*. München: Quintessenz-Verlag.

Petzold, M. (1992): *Familienentwicklungspsychologie. Einführung und Überblick*. München: Quintessenz-Verlag

Petzold, M. (2007): Der Übergang zur Elternschaft. Was geschieht mit Eltern und was hilft, eine Beziehung zum Kind aufzubauen? Vortrag auf der Tagung in Erfurt beim Arbeitskreis Thüringer Familienorganisationen. URL: http://www.petzold.homepage.t-online.de/pub/erfurt_07.pdf, letzter Zugriff: 13.03.2018.

Peuckert, R. (2012): *Familienformen im sozialen Wandel*. 8. Auflage. Wiesbaden: Springer.

Reichle, B./Montada, L. (1994): Problems with the Transition to Parenthood: Perceived Responsibility for Restrictions and Losses and the Experience of Injustice. In: Lerner, M. J./Mikula, G. (Hrsg.): *Entitlement and the affectional bond*. Justice in Close Relationships. New York: Plenum Press.

Reichle, B. (1994): *Die Geburt des ersten Kindes - eine Herausforderung für die Partnerschaft. Verarbeitung und Folgen einer einschneidenden Lebensveränderung*. Band 64. Bielefeld: Kleine.

Reichle, B. (1996): Der Traditionalisierungseffekt beim Übergang zur Elternschaft. *Zeitschrift für Frauenforschung, 14, S. 70-89.*

Reichle, B. (1999): *Wir werden Familie. Ein Kurs zur Vorbereitung auf die Elternschaft*. Weinheim u. a.: Juventa.

Reichle, B./Werneck, H. (Hrsg.) (1999): *Übergang zur Elternschaft. Aktuelle Studien zur Bewältigung eines unterschätzten Lebensereignisses.* Stuttgart: Enke.

Reichle, B./Werneck, H. (1999): Übergang zur Elternschaft und Partnerschaftsentwicklung. Ein Überblick. In: Reichle, B./Werneck, H. (Hrsg.) (1999): *Übergang zur Elternschaft. Aktuelle Studien zur Bewältigung eines unterschätzten Lebensereignisses.* Stuttgart: Enke.

Rhoades, K. (2008): Children's Responses to Interparental Conflict: A Meta-Analysis of Their Associations With Child Adjustment. *Child Development, Heft 79 (6)*, S. 1942-1944.

Rost, H. /Schneider, N. (1994): Familiengründung und Auswirkungen der Elternschaft. In: Österreichische Zeitschrift für Soziologie, Jg. 19, Heft 2, S. 34-57.

Rost, H./Schneider, N. F. (1995): Differentielle Elternschaft – Auswirkungen der ersten Geburt auf Männer und Frauen. In: Nauck, B./Onnen-Isemann, C. (1995): *Familie im Brennpunkt von Wissenschaft und Forschung.* Neuwied u.a.: Hermann Luchterhand Verlag.

Römer-Wolf, B./Theilmann-Braun, C. (2003): Mediation von Partnerschaftskonflikten. Begründung, Vorgehen und mögliche Auswirkungen. In: Weber, M./Eggemann-Dann H.-W./Schilling, H. (Hrsg.): *Beratung bei Konflikten. Wirksame Interventionen in Familie und Jugendhilfe.* Weinheim und München: Juventa Verlag.

Schatten & Licht e.V. (2018): Krise rund um die Geburt. Initiative peripartale psychische Erkrankungen. URL: http://www.schatten-und-licht.de/index.php/de/der-verein, letzter Zugriff: 13.03.2018.

Schmidt-Denter, U. (2005): *Soziale Beziehungen im Lebenslauf. Lehrbuch der sozialen Entwicklung.* 4., vollständig überarbeitete Auflage. Weinheim u. a.: Beltz.

Schneewind, K. A. (1983): Konsequenzen der Erstelternschaft. *Psychologie in Erziehung und Unterricht, 30* (3), 161-172.

Schneewind, K. A., Vaskovics, L. A., Gotzler, P., Hofmann, B., Rost, H., Schlehlein, B., Sierwald, W., & Weiß, J. (1996): *Optionen der Lebensgestaltung junger Ehen und Kinderwunsch.* Verbundstudie-Endbericht. Band 128.1. Stuttgart u. a.: W. Kohlhammer.

Schneewind, K. A./Sierwald, W. (1999): Frühe Paar- und Familienentwicklung: Befunde einer fünfjährigen prospektiven Längsschnittstudie. In: Reichle, B./Werneck, H. (Hrsg.): *Übergang zur Elternschaft. Aktuelle Studien zur Bewältigung eines unterschätzten Lebensereignisses.* Stuttgart: Enke.

Schneewind, K. A. (Hrsg.) (2000): *Familienpsychologie im Aufwind. Brückenschläge zwischen Forschung und Praxis.* Göttingen u. a.: Hogrefe.

Schneewind, K. A. (2010): *Familienpsychologie.* 3., überarbeitete und erweiterte Auflage. Stuttgart: Kohlhammer.

Schneider, N. F./Matthias-Bleck, H. (2002): *Elternschaft heute. Gesellschaftliche Rahmenbedingungen und individuelle Gestaltungsaufgaben.* Opladen: Leske + Budrich.

Schülein, J. A. (1990): *Die Geburt der Eltern. Über die Entstehung der modernen Elternpositionen und den Prozess ihrer Aneignung und Vermittlung.* Opladen: Westdeutscher Verlag.

Seiffge-Krenke, I. (2009): *Psychotherapie und Entwicklungspsychologie. Beziehungen: Herausforderungen. Ressourcen. Risiken.* 2., vollständig überarbeitete Auflage. Heidelberg: Springer.

Seiffge-Krenke, I./Schneider, N. F. (2012): *Familie - nein danke?! Familienglück zwischen neuen Freiheiten und alten Pflichten.* Göttingen: Vandenhoeck & Ruprecht.

Sierwald, W. (1999): Partnerschaftskonflikte und ihre Auswirkungen auf das Kind im ersten Lebensjahr. In: Deutscher Familienverband (Hrsg.) (1999): *Handbuch Elternbildung. Band 1. Wenn aus Partnern Eltern werden.* Opladen: Leske + Budrich, S. 365-379.

Simm, R. (1991): Partnerschaft und Familienentwicklung. In: Mayer, K. U./Allmendinger, J./Huinink, J. (Hrsg.): *Vom Regen in die Traufe: Frauen zwischen Beruf und Familie.* Frankfurt/New York: Campus Verlag.

Statistisches Bundesamt (2004): Lebenssituation, Sicherheit und Gesundheit von Frauen in Deutschland. URL: https://www.bmfsfj.de/blob/84328/0c83aab6e685eeddc01712109bcb02b0/langfassung-studie-frauen-teil-eins-data.pdf, letzter Zugriff: 13.03.2018.

Statistisches Bundesamt (2014): Frauen in Führungsetagen. Deutschland unter dem EU-Durchschnitt. URL: https://www.destatis.de/Europa/DE/Thema/BevoelkerungSoziales/Arbeitsmarkt/Frauenanteil_Fuehrungsetagen.html, letzter Zugriff: 13.03.2018.

Statistisches Bundesamt (2015): Durchschnittliche Kinderzahl. URL: https://www.destatis.de/DE/ZahlenFakten/GesellschaftStaat/Bevoelkerung/Geburten/AktuellGeburtenentwicklung.html, letzter Zugriff: 13.03.2018.

Thun-Hohenstein, L. (Hrsg.) (2005): *Übergänge. Wendepunkte und Zäsuren in der kindlichen Entwicklung*. Göttingen: Vandenhoeck & Ruprecht.

Tschöpe-Scheffler, S. (Hrsg) (2005): *Konzepte der Elternbildung - eine kritische Übersicht*. 2., durchgesehene Auflage. Opladen: Barbara Budrich.

Unverzagt, G. (o. J.): *Eltern sein - Paar bleiben. Mit Kindern die Beziehung leben.* URL: https://www.kizz.de/wir-eltern/partnerschaft/eltern-sein-paar-bleiben-mit-kindern-die-beziehung-leben, letzter Zugriff: 13.03.2018.

Vaskovics, L. A./Hofmann, B./Rost, H. (1996): Ergebnisse der soziologischen Teilstudie. In: Schneewind, K. A., Vaskovics, L. A., Gotzler, P., Hofmann, B., Rost, H., Schlehlein, B., Sierwald, W., & Weiß, J. (1996): *Optionen der Lebensgestaltung junger Ehen und Kinderwunsch*. Verbundstudie-Endbericht. Band 128.1. Stuttgart u. a.: W. Kohlhammer.

von Block, M. (1999): Wieder Zuhause. In: Deutscher Familienverband (Hrsg.) (1999): *Handbuch Elternbildung. Band 1. Wenn aus Partnern Eltern werden.* Opladen: Leske + Budrich.

von Klitzing, K. (1994): Von der Paarbeziehung zur Elternschaft. *Psychosozial 17, Heft 4(58)*, S. 49-60.

Walther, K./Lukoschat, H. (2008): *Kinder und Karrieren: Die neuen Paare*. Gütersloh: Verlag Bertelsmann Stiftung.

Watzlawik, M./Ständer, N./Mühlhausen, S. (2007): *Neue Vaterschaft. Vater-Kind-Beziehung auf Distanz*. Münster: Waxmann Verlag.

Weber, M. (2003): Der Übergang von der Partnerschaft zur Elternschaft. Familiäres Konfliktfeld mit hoher Bedeutung und wenig Beachtung. In: Weber, M./Eggemann-Dann H.-W./Schilling, H. (Hrsg.): *Beratung bei Konflikten. Wirksame Interventionen in Familie und Jugendhilfe*. Weinheim und München: Juventa Verlag.

Weigelt, Claudia (2011): *Familie im Werden - Veränderungen der Paarbeziehung durch die Geburt des ersten Kindes.* Verfügbar unter: https://www.kita-fachtexte.de/uploads/media/FT_weigeltI_2011.pdf, letzter Zugriff am 13.03.2018.

Werneck, H. (1998): *Übergang zur Vaterschaft. Auf der Suche nach den „Neuen Väter".* Wien: Springer-Verlag.

Wicki, W. (1997): *Übergänge im Leben der Familie. Veränderungen bewältigen.* Bern u. a.: Huber, S. 83.

Zemp, M./Bodenmann, G. (2015): *Partnerschaftsqualität und kindliche Entwicklung. Ein Überblick für Therapeuten, Pädagogen und Pädiater.* Heidelberg: Springer.